U0894969

搞不定人，你怎么带团队？

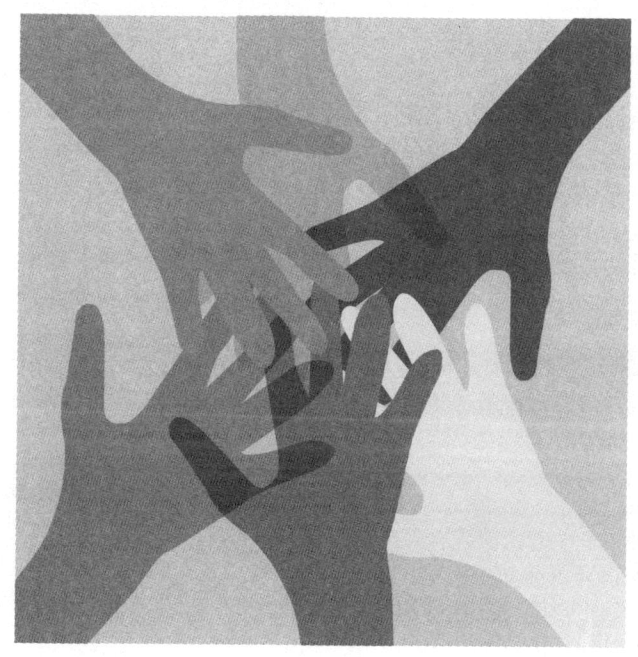

CnS PUBLISHING & MEDIA | 湖南人民出版社
博集天卷 CS-BOOKY

图书在版编目（CIP）数据

搞不定人，你怎么带团队？/ 杨长征，蒋兴文著．—长沙：
湖南人民出版社，2014
ISBN 978-7-5561-0079-8

Ⅰ．①搞… Ⅱ．①杨… ②蒋… Ⅲ．①组织管理学
Ⅳ．① C936

中国版本图书馆 CIP 数据核字（2014）第 066730 号

搞不定人，你怎么带团队？

作　　者：杨长征　蒋兴文
出 版 人：谢清风
责任编辑：胡如虹
项目监制：于向勇
特约编辑：袁开春　王　娜
装帧设计：主语设计
内文排版：百朗文化

出版发行：湖南人民出版社［http：//www.hnppp.com］
地　　址：长沙市营盘东路 3 号
邮　　编：410005
经　　销：新华书店

印　　刷：北京天宇万达印刷有限公司
版　　次：2014 年 5 月第 1 版
2014 年 5 月第 1 次印刷
开　　本：787mm × 1092mm　1/16
印　　张：15.5
字　　数：230 千字
书　　号：ISBN 978-7-5561-0079-8
定　　价：35.00 元

（若有质量问题，请致电质量监督电话：010-84409925）

目录 Contents

第三章　营造能量场，修炼领导力 / 113

第四章　实现组织无障碍沟通 / 147

➡第五章　打造高绩效团队 / 185

➡第六章　管理者内心要强大 / 219

前　言：管理就是管人

如果给你一个团队，这个团队可能由三五名员工组成，也可能是一个组织部门，也可能是一个公司，当你坐在“龙头大哥”的位置上，你将如何带领这支团队长风破浪、奋勇拼搏？你又将如何提升团队的凝聚力、执行力和战斗力，给这支团队注入强大合力，从而有效地实现预期的团队目标？

对于所有致力于追求卓越绩效的团队管理者而言，这是一个既简单又复杂的命题。说它简单，是由于团队管理无非就是围绕着“自主性、思考性、协作性”这三个方面来展开的，只要团队成员充分具备这三个方面的要素，就能形成一支强大的执行团队，它就会在你的带领下所向披靡、无坚不摧。

然而，我们在给一些企业做管理培训时，却惊讶地发现团队管理中存在着大量棘手的问题，这些问题具体表现为：

——团队成员满足于现状，不思求新求变；

——员工普遍“僵尸化”，工作简单机械化；

——团队成员缺乏工作激情，团队士气萎靡不振；

——各部门之间各自为政，相互推诿现象相当严重；

——永远都有开不完的会议，却始终存在无法解决的问题；

——缺乏公开透明的激励机制，导致员工牢骚抱怨满天飞；

——缺乏激人奋进的团队使命和共同愿景，员工之间缺乏信任机制和协作精神；

——上下沟通严重受阻，管理者与执行者之间信息不对称，由此导致团队中出现许多沉疴已久、积弊重重的管理乱象。

——办公室政治泛滥，恶性竞争不断。

……

作为一名长期从事管理咨询和培训的实践者，我们每次在与企业中高层干部进行沟通时，总能听到他们满腹的委屈和抱怨：“去年底，我们部门制定了一项非常具有前瞻性的战略，最终却因执行不到位而导致战略搁浅”、“我现在最忧虑的问题是公司的销售情况。唉！销售部门的员工整天都无精打采的，一点干劲儿都没有。上个季度制定的销售计划和目标，只实现了理想预期的一半”、“我实在厌倦了这没完没了的会议！根据我的经验，80% 的会议都是无效会议，80% 的会议时间都是无效时间。作为一名中层管理者，无效会议浪费了我大量宝贵的时间，这暂且不说。最关键的问题在于，会议虽然一个接着一个地开，但实质性的问题却始终得不到及时有效地解决”……

这一系列现实而无奈的问题，让诸多管理者长期以来备受困扰。在商业竞争日益激烈的今天，团队管理中存在的种种乱象和弊端，随时都有可能将企业推到难以预料的风口浪尖上，于是我们不禁要问：管理的症结究竟出在哪里？怎样有效地解决这一系列沉疴积弊的管理难题？

事实上，上述所有的管理乱象都集中反映出一个最本质的问题，即我们的团队管理没有抓住人这一核心问题。我们每个人的行为都由心态决定，包括积极心态和消极心态，每个团队中也存在着不同比例的积极和消极氛围。当一个团队迸发出积极向上的力量时，这个团队就充满活力和激情，给团队注入一股强大而持久的能量；而当一个团队被一片消极氛围的阴霾所笼罩时，整个团队就犹如一潭死水，员工丧失工作激情、效率低下，导致团队陷于困顿萎靡的境地。

也就是说，每个团队中都蕴藏着一个搞定人的问题。所谓优秀的团队，即一个团队具有强大的协同力，强执行力，顺畅沟通力，在组织的共同愿景下，员工热血沸腾、充满干劲，为实现组织目标而激发强大的团队工作合力。

管理学界有一个有趣的“污水与酒”定律：将一杯酒倒进一桶污水中，得到是一桶污水；将一匙污水倒进一桶酒里，得到的还是一桶污水。对于团队管理者来说，你必须清楚这样一个道理：团队就像是一桶酒，倘若几个员工自身积聚的负能量不断膨胀，并四处散播，那么整个团队就如同一匙污水倒进了一桶酒里，这将严重影响到团队的高效运转，甚至可能引发一连串的“蝴蝶效应”，给整个企业带来不可预知的风险。

因此，管理者在构建和管理团队的过程中，必须要警惕人心涣散问题，给团队注入积极、乐观、向上、持久的积极氛围。什么是成功的团队？根据我们长期以来的管理培训实践，以及对企业管理案例的系统研究和分析，我们认为一个成功的团队应具备以下特征：

1）具备明确的共同使命、愿景目标以及由此形成的团队文化和价值观。每一位团队成员都因“为实现我们共同的理想”而建立起亲密无间的团队情谊，整个团队中弥漫着一股积极热烈、势在必得的氛围，团队成员之间团结协作、优势互补，将团队力量拧成一股绳，从而有效地发挥出最大的团队优势。

2）团队成员拥有毫不动摇的团队信念和决心。每一名员工都坚守自己的工作职责，目标明确、认真负责，善于钻研工作中的难题，并积极寻求解决问题的途径，确保团队实现组织目标。

3）建立以结果为导向的目标管理体系。管理者要保证团队目标的明确性和可行性，对当前的工作重点有一个清晰的认识和定位，将员工的个人目标与团队的整体目标紧密结合起来，通过对目标的设定来激发和引导员工的积极性、主动性和创造性，以起到鼓舞士气、激励员工的正面激励作用。

在管理实践中，通过责任管理锁定目标、通过结果管理聚焦结果、通过骨干员工培训发现和培养人才，通过核心团队教练唤醒管理者身上的正思维！于此，管理者的思想和管理方法被不断地注入新的理念。在实际训练中，我们每一个干部员工眼界都在放高，格局都在放大，胸怀都在放宽，干部员工的潜能通常也就被激发出来。

4）建立科学、合理而完善的激励体系。在一个完善健全的激励模式下，团队成员能够充分体现出自己的价值，在工作中获得荣誉感、自豪感和满足感，从而形成一股强大的团队凝聚力和向心力，进而带动团队的高效运转。

5）建立有效的信息沟通和反馈机制。在团队内部构建全方位覆盖的沟通平台，畅通沟通渠道，实现团队成员之间的无距离沟通，避免因信息不对称而导致团队效率低下，确保管理者与员工在最短的时间内得到直接有效的反馈，以便于及时解决工作中的问题。

无论是几十人的小公司，还是几十万人的世界500强企业，要想提高企业的运作效率，创造出卓越的团队绩效，都必须具备以上五种特征。本书的主要内容，即紧紧围绕着“搞定人”的问题而展开，旨在帮助管理者有效地解决普遍存在于各组织、各团队中的“管理之惑”，全面消除团队隐患，打造出一支充满战斗力的尖刀团队！

本书结合翔实、生动的管理案例，以及作者多年来的管理培训经历，以全面的视角对优秀团队的管理和建设提供了简洁实用的经验阐述。书中没有艰深晦涩的管理学理论，力求每一篇章节的内容均有趣可读、深入浅出，能够给中高层管理者带来切实有益的帮助。由于水平有限，在本书编写过程中难免有不足之处，敬请广大读者及同仁批评指正，以使本书更为完善，更好地为广大读者服务。

第一章
优秀团队的八大特征

成功的团队都是相似的：积极、主动、氛围乐观、做事有效率……而失败的团队则各有各的失败之处。

只要具备足够资源，公司想要组建一个团队并不困难，难的是如何让团队成员凝聚在一起，为了一个共同目标而奋斗。这就需要充满激情的、具备领袖风范的、能够激励别人的优秀领导人。

1. 没有受挫型领导

一个公司是否成功，跟公司领导层是息息相关的。在一个成功的公司中，每个领导都具备相当的“领袖气质”，素质完备，“受挫型领导”基本是不存在的。这种领袖气质转化成鼓励、开放、认可、公平、诚恳等团队氛围，使团队的力量都集中到一起，涌动着积极向上的生命力。

“领袖气质”是一种绝对的成功特质，具备这一特质的领导，性格可能各不相同，却都能够最大限度地激发下属的工作热情，发挥团队的最大力量。

具备领袖特质的人能够发掘潜在机遇，敏锐地洞察他人的情绪需求，建立他人对自己的服从和信任，并能够鼓励追随者去实现目标。

每个领导都具有领袖气质

好团队的第一个特征就是：没有受挫型领导，每个领导都具有“领袖气质”。没有懈怠型员工，每个主管、员工都能在自己的岗位上发挥出应有的正向能量。

那些受挫型领导，是指管理者自身带有负面能量，导致所管辖的员工经常会有心理受挫的感受。时间长了，公司里便弥漫着一种低气压，谁也不愿意去跟领导沟通。

（1）鼓励、激情，激发下属的工作热情，激发团队的活力

只要具备足够的资源，公司想要组建一个团队并不困难，难的是如何让团队

成员凝聚在一起，为了一个共同的目标而奋斗。这就需要充满激情的、具备领袖风范的、能够激励别人的优秀领导人。

出色的领袖是员工心里的一颗“定心丸”。他们以其领袖气质指明团队的方向，帮助下属确定前进的目标，在他们情境不明的情况下给予指引，激励追随者为实现目标而奋斗。具有领袖气质的人，一个典型特征是他能够触及他人的情感深处，唤起、激励、影响他人的情绪，增强追随者的向心力。

管理者的领袖气质在员工工作积极性的提升上起着不可估量的作用，而受挫型领导是做不到这一点的。

受挫型领导对下属态度冷漠，不懂得运用称赞、鼓励和肯定等沟通艺术，缺乏与员工的交流与互动。这种领导指挥下属，常常压抑员工的创造性和积极性，浇灭员工的工作热情。他们对人冷淡。也许这种领导严于律己，工作认真负责，但是他们对下属态度冷漠，从这种领导这里，员工很难获得肯定和嘉许。无论员工多么努力工作，把 Case 案子处理得多么好，也得不到他的积极回应与肯定。

我们常见到的情形是：当员工加班加点，提前完成任务，汇报工作结果后，得到的回应是石沉大海。而当员工忍耐不住，紧张又期待地询问他：“您看了我做的报告了吗？”他一般这样回答：“哦，看了。知道了。”

“哦”“好的”“可以”是受挫型领导典型的回复。

这种冷漠而吝于嘉许的态度会让下属备受挫败和压抑。

有人说，态度冷漠与个人性格有关，有的人就是冷冷的，生来如此，无法苛求。我在给企业上课时，经常听到有人这样说自己，他们认为这与工作无关。其实不然，即使你只是一个员工，也会经常与平级的同事打交道，态度冷漠往往会无意中伤害同事的感受。而管理者承担着计划、组织、指挥、协调和控制这五大职能，经常要面对多个下属，态度冷漠往往会带来致命性的伤害。

在国内某高新技术企业中，一位研发部经理是世界名校的高才生，具有很高的研发能力。出于对研发工作的负责，他对下属员工非常严厉，吝于褒奖。小周是国内某大学毕业的，他虽然努力工作，但一直得不到领导的夸奖。每次小周向经理汇报工作时都惴惴不安，他很希望自身能有所提高，但经理对他的工作成果的冷漠与批评让他情绪非常低落。后来，小周去了另一家公司。在新的公司，由于他工作踏实，基本功扎实，很快就做出了不错的业绩，几年后，他已经能够在研发工作上独当一面了。

在这个案例中，小周具备相当的潜力，也有积极向上的意愿，这样的员工原本可以成为公司的骨干，但却因为领导的冷漠态度而损失了一个好员工。

（2）开放、积极，能够接受反对意见，也会认真考虑每一个建设性意见

我所知道的所有成功的大公司都具备“开放”这一特点，且在领导人身上表现得尤为淋漓尽致。“开放”指的是任何员工都有权对公司、对工作提出自己的意见，如实表达自己的真实想法。而无论是负面意见还是正面意见，领袖型领导都会认真给予考虑，即使不接纳，他也会给出足够充分的拒绝理由。他们会设身处地地考虑员工的情绪和热情，并在工作中努力照顾员工的心理感受，以最佳的方式满足他人的情感需求。即使员工的意见得不到采纳，也不会感觉到很挫败，因为员工感受到领导对自己的建议是“认真考虑了的”“现在时机不合适而已”。

可以说，开放的领导带给员工的感受使他们感觉到自己是公司的一分子，自己在的公司是一个和谐而开放的团队，是值得自己为之奋斗的优秀团队。

但是受挫型领导就做不到这一点。

受挫型领导往往刚愎自用，拒绝任何反对意见，固执己见。他们直接打击员工的工作热情，使员工的创造能力无法发挥。

如果说冷漠带给员工的受挫指数是一颗星，那么刚愎自用的领导带给员工的受挫指数绝对超过三颗星。他们拒绝一切与他相反的意见，对建设性意见也有着本能的排斥。为了维护自己的权威感，他们会高高在上、颐指气使，往往使下属感到受压抑，丧失工作激情。当员工提出不同于自己的建议和想法时，他们惯用

“这个暂时不考虑”“你的意见是错的”“我不认为这个决议有什么错误”“做好你的事就可以了，其他你不用管”之类的言辞拒绝。

组织中如果有这样的管理人员，那么他就会是公司中破坏性能量的产生源。要知道，每个员工都需要得到组织的认可、夸奖，也希望能为公司的发展贡献自己的聪明才智。当他们向自己的管理者提出建议时，尽管会有不成熟，也可能会有缺陷，但说明他们经过了思考，有主动提高自己的工作效率的意识。这种员工是难得的主动型员工，而这种积极性却被管理者的刚愎自用给抹杀了。

此外，为维护自己的权威，刚愎自用型领导容易反对革新。他们竭力维持现状，保护自己的权力、地位免受威胁，他们不希望现状有新的改变。这便削弱了公司的生命力。

而且，刚愎自用很容易发展为心胸狭窄、打击报复。一个心胸狭窄的领导是很难带出好团队的，当他的下属有才华时，他担心下属抢了自己的风头，怕别人超过他。当别人对他提出善意的建议时，他会无法容忍不同的意见，不能接受别人的批评。如果企业中有这样的管理者，其下属员工一定是充满挫折感的。

当管理者嫉贤妒能，不敢用水平比自己高的人时，企业中就会充满不平之气。试问，一个自私自利，自以为可以游离在游戏规则之外，对下属员工经常抱以怀疑态度的管理者，能带出战斗力高、充满凝聚力的团队吗？很难想象。

（3）诚恳、公平、公正

即使在充满凝聚力的公司中，具备这一特质的领导人也是非常珍贵的，这意味着领导者的正直诚实、一视同仁以及种种优秀特质。

想要做到诚恳、公平和公正，要求领导具备比较完满的人格特质。有这一特质的领导往往会使员工感到自己的力量得到了认可和发挥，感到自己获得了领导者的信任，并能最大限度地激发员工对公司的归属感和忠诚度，他散发出来的向上力量，无论是影响力还是积极程度都是五颗星。

而缺乏这一特质的领导所产生的破坏力也是相当大的。他们往往做不到诚恳，他们喜欢粉饰自己的错误，夸大自己的功劳，对下属的心理进行不良投射，带着有色眼镜看人，而极度自我膨胀的领导甚至喜欢讽刺挖苦自己的下属，令员工感到压抑和愤怒。

这种类型的领导者，他们的个人利益往往与公司的利益并不一致，他们从自己的利益出发，随意以自己的喜好打击、挖苦下属，即使下属因为他的存在而对公司的忠诚度降到了谷底，对他也是无所谓的。

（4）勇于承担责任，没有粉饰、投射行为

负责任是一种重要的领导素质。作为一个公司领导者，敢于承担责任是基本的要求。如果你连这点都做不到，那你不可能成为一位优秀的领导者。

麦肯锡曾经就“一位成功的经理人应该具备什么样的素质”做过调查，结果绝大多数人选择了“能够承担责任”。作为一位领导者，敢于承担责任是基本素质，不能够承担责任就不可能成为一位成功的领导者。这是一个基本常识，同时也是一种人生态度。

粉饰行为指的是，明明是由于领导者自己的工作失误导致的失败，但却喜欢推脱给别人，然后把下属所有的功劳完全揽在自己身上。比如把老板对自己工作上的正常批评，对下属粉饰成老板故意给自己穿小鞋，或者把下属的工作成果说成是自己的工作成果。

投射则是把自己的负面心理投射到员工身上。比如怀疑下属故意做不好工作，目的是跟自己作对。把员工的一切行为按照自己的想法去解读。

而投射到了极致，就会出现言语攻击的行为。我曾经认识这样一位喜欢粉饰、投射甚至言语攻击的领导。这位典型的受挫型领导是位三十岁的女主管，手下管理着五六个员工。

我路过她的工作区域时，时常听到她对员工的冷嘲热讽：

“上次的客户争取不来，不要说别的理由，完全就是你们不听我领导的结果。”

“交代你的任务完成了吗？我是说了周五之前，但是你就不能提前给我吗？别说你忘了，吃饭你怎么没忘？”

“你们的脑子都是怎么长的，这么点儿工作也做不好？”

“我建议大家都把自己的工作做好了，咱们公司的薪资是跟部门绩效挂钩的，每个人都有责任，不要‘一颗老鼠屎坏了一锅汤’。”

有这种表现的领导所带来的破坏性是不可小觑的。然而，正因为这一类型的领导往往有着偏执的性格，又擅长粉饰夸大自己的工作成果，所以往往看起来他的业绩还不错，使更高一层的领导者忽视了其危害。

老板可能注意到这种领导有如下特征：

他看起来非常有能力，但是他的下属普遍好像有点儿无能。（事实是有可能他的行为压抑了下属积极性的发挥。）

他的下属跳槽、辞职率非常高，他把这归结为“本部门工作性质导致的”，或者是“巧合”。（事实是他的行为导致了优秀员工的流失。）

他对待下属显得过于苛刻和刻薄，而对此他总能够自圆其说：“我对他们严格，他们才能出业绩。”（没有人喜欢永远遭受挫折，这一行为绝对是破坏性的。）

这种受挫型领导，带给员工的挫折指数可达五星级。使员工对公司忠诚度降到谷底，直接导致员工工作效率的下降和公司人才的流失。

因此，在强烈呼唤团队精神的现代企业中，受挫型领导是绝不应该存在的。

优秀的领导都深知鼓励和褒奖具备相当大的力量，能给公司带来多么大的好处，不擅于激发员工创造性的领导显然不是合格的领导。

能够激励别人，也是一种能力，还是一种了不起的能力。具备领袖气质的领导善于鼓励他人，能够最大限度地激发一个人的工作热情，令人如沐春风，愿意在他的带领下走向成功。

（5）宽容，从人之过

对待下属，应该凡事从宽容处来，宽以待人。任正非曾说："宽容是领导者的成功之道。"在任正非看来，宽容对待下属不是不讲原则和纪律，反而是团结民心的重要方式。因为只有宽以待人才会最大程度地团结大多数人，使员工感恩于你的人性管理，心甘情愿地与你齐头并进。

换句话说，懂得妥协也是一门艺术，宽容是一种管理手段。因为宽容所体现出来的妥协是有目的、有原则的退让，这样做的目的是将主动权掌握在自己手中。

管理者的工作性质决定了宽容是必修课程之一。任何工作无非涉及两种类型：同人打交道或同物打交道。不宽容不会影响与物打交道，但与管理者打交道的对象主要是人，一旦同人打交道，宽容的重要性便凸显出来。

所谓宽容，就是容忍人与人之间的差异。怎样将不同性格、不同偏好、不同特长、不同习惯的人凝聚到统一的企业目标旗帜下？靠的就是管理者的宽容之心。

美国前总统尼克松曾概括领导人物的十大基本特质，其中之一便是"从人之过"。尼克松说道："有一件需要做但又常常被忽略的事，曾使许多杰出的、有前途的领导者断送了通往更高智慧的道路，这就是缺乏容人之量，特别是'容忍蠢人'。"

2. 没有懈怠型员工

一个不懈怠团队的典型特征是什么？高效和极富执行力。

一名管理者的成功与否完全可以从他带的团队上看出来。如果一个团队的成员工作积极主动、执行力强，具有攻坚精神，那么我敢说这个团队的领导者是一名成功的管理者。

每个员工都不懈怠

（1）极富执行力

什么是执行力？就是理解、贯彻、落实、执行企业决策的能力。执行力是公司竞争力的体现，一个没有执行力的公司是很容易出问题的，而且出了问题大家还会互相推诿。

不懈怠的员工极富执行力，能够自觉地规划工作，完成任务。我经常说："没有不好的员工，只有不好的管理者。"如果个别员工执行力强，那可能是员工自身素质的结果；但如果公司每个员工都不懈怠，那一定是管理成功的表现。这要归功于管理者的管理能力。而如果你的员工普遍懈怠，那一定是管理层面出现了问题。

小赵新到一家通信用品公司负责一片新市场的销售。他兴致勃勃地拟出一个季节性促销计划，希望能够得到批准，尽快开展。在公司的财务制度里，促销费用要先让市场部经理审核，然后由总监批准，财务核准，最后总经理批。结果总监出差了，申请单放在财务那里。财务不懂业务，搞不清该不该花，一忙就没顾上，申请单一搁就是一个月过去了，等钱批下来，最佳时间已经过去了。在这期间，小赵先是向经理解释为什么要花这笔钱，然后就是等待，每次电话催过去，公司总是回复领导出差没办法审批，时间长了，小赵的热情被消耗，慢慢地也就不再主动去催了。

在一个执行力强的公司里，永远不会出这种事情。总监出差，难道电话打不通吗？财务只管审核，难道没办法主动去催促一下吗？每个环节都有理由，看来公司里“做成一件事情，真难啊”，慢慢地，原来主动积极的员工也被消磨得没脾气了。

做了这么多年的管理咨询工作，我合作过很多不同类型的公司。在不少公司，我接触到了“监工”这个人群。很多民企老板会在公司的每个部门安置一两名“监工”，俗话说就是“卧底”，以“打入员工内部”时刻监控员工的工作效率。需要安置“监工”的管理是悲哀的，因为老板深知员工存在懈怠的现象，主动性不高，需要监察和督控才能够保证工作的完成。

竞争力强的公司是不需要“监工”的，他们的员工执行力强，主动性高，每个人都可以管控自己的行为，表现出工作有节奏、有步骤，环环相扣。

海底捞火锅的成功并不是一朝一夕的事情，其成功密码被众多餐饮巨头苦苦寻觅，甚至连联想集团都在分析海底捞的成功秘诀。张勇的公众回复是：“餐饮无非是味道好、环境好、服务好，都是很简单的道理。”话很简单，却意味深长。

“三个好”背后隐藏的是其他餐饮企业学不到的管理方法：注重员工高执行力的培养和激发。

海底捞实行人性化管理，管理者把员工当作亲人一样对待，为员工提供条件优越的公寓，生活上人人平等，注重员工工作环境和人际关系的建设……海底捞员工能够做到管理者想做的事情，给管理者想要的工作成绩，这完全在于人性化管理激发出了员工的积极心态，塑造了团队的战斗力。而你如果只着眼于“味道好、环境好、服务好”的表面建设，而忽略了最基础的员工内心建设，那么你永远也学不到海底捞的管理精髓。

（2）不轻言放弃，具有攻坚精神

不懈怠还包含了永不退缩、不言放弃的特质。一个公司拥有不轻言放弃的员工越多，发展就越顺畅，成功的概率就越大。美国一家非常著名的金宝汤食品公司以生产汤料罐头为主，其产品销量非常好。因此，许多杂志都想要争取他们的广告。一家主要面向蓝领阶层的《星期六邮刊》曾屡次争取金宝汤的广告页面，但均遭拒绝。理由是，金宝汤属于高定价产品，主要面向高消费群体，与《星期六邮刊》的期刊性质和大众定位完全不符。

一般而言，这种定位悬殊、品质严重不符、读者层次差距太大的洽谈都难以获得成功，但《星期六邮刊》客户部却不想放弃。他们开始深入调查金宝汤公司的目标客户，采取针对性的"垃圾调研法"：在一个月的时间内，分别在富人区和蓝领居住区的垃圾中翻找速食汤料罐头盒，最后汇总发现：在蓝领居住区，速食汤料的罐头盒大量出现，而在富人区的垃圾里几乎找不到这类罐头盒。

于是，《星期六邮刊》带着具有说服力的理由前去争取合作：由于蓝领阶层的家庭主妇需要照料孩子，整理家务，生活更加忙碌，虽然金宝汤罐头不便宜，但却能为她们节省不少时间，因此，受到蓝领主妇的欢迎。而富人们有自己的保姆，因而更倾向于手工制作汤料，而不会选择速食汤料。

坚持不懈、不言放弃的精神和有根有据的谈判理由，使其说服了金宝汤公司。金宝汤公司签署了与《星期六邮刊》的广告协议，一直到《星期六邮刊》停刊。

不懈怠的员工对于公司来说是一笔宝贵的财富，他们拥有生活责任感、工作使命感。在生活中，他们不会因为挫折而轻易说"不"；在工作中，他们不会因为困难而轻易退缩，反而极富执行力。这种人自身携带有强大的影响力，对待任何事情都能够担当，不会懈怠，能全力以赴。

如果你的公司拥有这种人才，一定要给予赏识和重视，因为他们不仅会在自己的岗位上发挥最大的潜能，还会用这种正气感染身边的他人，为公司的能量注入鲜活的血液。

（3）没有得过且过、不求上进型员工

很多员工由于年龄大了，或是工作太没有挑战性，就会对工作产生懈怠。这种工作上的懈怠极易传播，组织中如果有一名工作懈怠的员工，别的员工也会有样学样，对待工作得过且过。时间长了，企业里必定弥漫着不求上进的氛围。

得过且过，就是这种员工的主要特征。这些员工就像童话里的寒号鸟，敷衍地过日子，过一天算一天，胸无大志。

每一个公司都要业绩，要利润，但公司里总有一些员工，觉得自己“做一天和尚撞一天钟”，工作凑合着混过去就行了。或者有些员工觉得，再努力也比别人好不了多少，干吗这么费力呢？自己年轻，有的是时间，先这么干着，以后再努力也不晚。也有些员工，事情交代给他，虽然也能按时做好，但总觉得缺了点儿精益求精的态度。上交的东西一次不行，再改一次，一点儿也不着急，最后还是上司等不及了，自己动手进行修改才算了事。这些员工都是得过且过，在公司里扮演着一种懈怠的、负能量的角色。

时间对每一个人都是公平的，电视剧《士兵突击》里，许三多的班长老马在退伍时，对士兵们讲过这么一句话：“你现在混日子，当心将来日子把你给混了。”等到员工醒悟时，可能为时已晚。

且不说员工自己在时间、精力上的浪费，如果一个企业里有不少这样的员工，那么这个企业很可能无法幸存。对于这种员工，企业应该零容忍。

但是，我相信每个人进公司时都是有一颗充满憧憬和上进的心的，是什么让员工变成了得过且过混日子的状态呢？在一个优秀的公司里，在一个好团队里，是不应该有得过且过的员工存在的。

没有懈怠型员工，你的公司就会充满活力。没有懈怠型员工，也表明了管理人员的优秀，管理者自身携带着强大的积极力量。

3. 每个员工都为改进工作而费心

在那些充满凝聚力的公司中，员工通常也是充满向心力的：他们专业、热心，富有激情，最主要的是每个人都为了改进工作而费心。

永不满足

（1）鼓励员工主动改进自己的工作

当每位员工都不躺在自己的“功劳簿”上，当一个企业里的所有员工都对自己的工作不满足时，无数改进工作的点子就会爆发。

员工改进工作的行为不应该只靠自觉性，还需要企业的鼓励。鼓励本身就可以给员工带来正动力，一个人的积极行为如果能够获得鼓励，他就会更加乐于做这件事，并越发追求高标准。

所以，身为管理者，不是替员工去改进工作，而是要鼓励员工自发地改进工作。

（2）永远关注可以改进的地方

有许多人说：“我也想改进我的工作，但是我不知道怎么改进。”改进工作，源自一种永不满足的心态，要求的是眼光永远关注在“可以改进的地方”。

以往，员工不改进自己工作的借口通常是：

“过去的工作都是这样的。”

“这里不能再改进了。”

“我也想改进我的工作情况，但是事实是不能再改进了。”

“现在这已经很好了，还想怎么样？”

这种看似有理的话其实是员工循规蹈矩、墨守成规的一种借口。为改进工作而费心，不是一项劳动，而是一种心态和思维习惯。

如果你习惯于关注于事物不能改进的地方而不是它可以改进的地方，习惯于关注事物的过去而不是未来，习惯于重复自己以往的劳动而不是创新，那么你很难改进自己的工作，因为你的眼光没放在那里。

《西游记》里有一种人参果，这种长得像小娃娃，传说中吃了能长生不老的果子事实上不存在。但是最近，我在北京的超市买到了这种果子，外观和小娃娃一样，吃起来口感也不错——它其实是果农们精心种植出来的梨，生长的时候被放在了模具中，梨还是梨，外观却大大不同了。据我所知，这种娃娃梨卖得非常好，利润十分可观。

这就是改进工作的一个例子——同样都是种梨，你不可能改进梨的物质组成（梨还是梨），但是你却可以改进梨的外观；你可以循规蹈矩地种梨，也可以思考一下怎样把你种梨的过程改进下，使它变得“不那么一样”。

（3）把永不满足的热情发散到员工中

微软公司作为全球最成功的企业之一，在过去的20多年里为全世界数以亿计的用户提供了无数杰出的软件产品，它改变了人们的生活，同时获得了巨大的回报。在管理杂志以及各种研讨会上，关于微软的讨论有很多。微软公司走向成功也是各种原因的总和，如领先的技术、杰出的领导、独特的文化……在这里，我觉得最需要说的是他们优秀的团队和追求卓越的企业文化。

微软的企业文化是“永不满足”“勇于面对挑战”，最能说明微软公司这精神的是比尔·盖茨的一句话："每天清晨当你醒来时，都会为技术进步及其为人类生活带来的发展和改进而激动不已。"也是这种使命感和雄心壮志使微软公司在市场中崛起，一次又一次向新的高峰发起挑战，在DOS系统最成功的时候，微软就决定要自己取代自己的产品。为了Windows（视窗系统）的研究，微软倾注了极大的投入，因为当时微软公司的Word（文字处理软件）和Excel（电子表格软件）还远远落后于他们的竞争对手，保险的做法（通常的企业都会这么做）是，先投资于DOS系统上的Word和Excel，等研究成功了再投注于新产品，但是微软不那样做。推翻自己需要勇气，也需要决心，对于微软来说，这一切只是最自然的事，因为他们的文化就是如此。

微软的企业文化要求员工们要有不畏挑战的精神，这种文化还使企业拥有不断向上的动力。有一个广为流传的微软故事：一位微软的市场经理在刚刚加入微软时，曾带着微软的产品去参加一个大型电子产品展览，在那次展览中，微软的产品获得了10项大奖中的9项。他回来后非常高兴地给全组发了庆贺邮件，告知大家这个好消息，并邀请大家去庆祝。

但是在之后的短短一小时内，他收到了十多封令他震惊的回信，全是询问：

"我们没有得到的奖项是哪一项？"

"我们为什么没有得到那个奖项？"

"那个奖项属于谁？我们的缺陷在哪里？"

"我们怎么才能在明年获得这个奖项？"

他被这些回信震惊了，那一刻他深深地明白了微软为什么会如此卓越。

当这种自我批评、追求卓越和永不满足的企业文化深深根植于员工的头脑中时，它就成了公司的灵魂。有句话叫"没有什么能够阻挡一个无所畏惧的灵魂"，对于企业的发展也是如此。

杰克·韦尔奇是通用电气的前任CEO，2000年前后，通用电气公司实现了全球第一的盈利，市值位居世界第二。《财富》杂志在介绍杰克·韦尔奇的成功理念时，其中之一就是"在被迫改革之前就进行改革"，可见在通用电气公司中，员工们永远不满足于当时的成就，一直在追求卓越。

事实上，面对激烈的竞争，每个人都不应该满足于现状，要不断地超越平庸，追求完美，事物永远没有“够好”的时候，只有把它“做到最好”才能真正成功。这也是“500 强”企业优秀员工的经验之谈。

卓越是什么？它并不是一个标准，而是一种境界。卓越也不是单纯的优秀，你可以理解它是优秀中的最优。追求卓越的公司和员工总是致力于将自身的优势、能力以及所能使用的资源发挥到极致。

当员工具有主人翁精神，勇于质疑自己，并追求卓越，将“不断地改进自己的工作”变成一种习惯时，他们也会从中学到更多的知识，积累更多的经验，能够从全身心投入工作的过程中找到快乐，并获得更多的回报。

如果你拥有这样的团队，每天同这样的员工一起共事的话，可以想象那是一件多么令人兴奋的事情！

“主人翁”精神

那些行业中的明星企业，它们的能量往往来自最基层的员工。这点或许很多管理者都心知肚明。

在给企业做培训中，我屡次发现，无论哪个行业，哪种类型的公司，当员工在组织或团队中具有了“主人翁”精神时，他们对待工作就会更有热情，更能主动、积极地进行工作上的自我调整和提高。这是因为他们真把企业当成了自己的，所以他们会主动去把工作做得最好。当一个员工能够有这种工作上的积极主动、自动自发的意识时，就说明这个员工具备了“主人翁”精神。而身为管理者的你要做的就是培养员工的主人翁精神。可是，怎样培养员工的主人翁精神却不容易做到，正在考验着年轻的管理者们。

现在，大多数企业都是民营企业，真正的主人是老板、股东，在这种情况下，企业里从管理者到员工都是打工者，员工凭什么去做“主人翁”？

其实，“主人翁精神”并不是说把自己当成是企业的主人，而是指具有一种勇于承担责任的精神，在自己的岗位上去做好每一件事情，去面对每一个困难，把团队的事情真正当成自己的责任去做。有句话说“国家兴亡，匹夫有责”，从另一个角度来说，在一个优秀的企业里，很多员工就具有“企业兴亡，匹夫有责”的高度责任感，这样的员工就会主动地去改进自己的工作流程、工作效率、工作能力。

如果每一个员工都有“主人翁精神”的话，公司无形之中就增强了竞争力。因为这样的员工会把所有可能的成本降低，包括生产成本、沟通成本、实施成本、研发成本、行政成本。类似于“随手关灯”这样的小事，不仅出现在员工个人的家里，也会出现在公司里。

（1）放权给员工

想要让员工正确认识“主人翁”地位，树立“主人翁”意识，懂得权利、责任和利益的统一，就要适当放权给员工。我绝不赞成只用制度来管理人，公司制度或许可以管住员工，但不一定可以管得住他们的心。身为管理者，如果可以适当放权给员工，让员工对自己的工作具有一定程度的主导权，允许员工在自己的岗位上发挥创造力，鼓励员工不断地改进自己的工作，那么员工工作的积极性、主动性、创造性自然就得到了调动和激发，也会自觉地去承担企业发展的责任，充分发挥主力军的作用。当每个员工都拥有主人翁意识，并且愿意为了改进工作费心时，公司的前途将不可限量。

（2）以身作则，自身为榜样

如果一个管理者自身缺乏“企兴我荣，企衰我耻”的意识，那么他自然带不出具有“主人翁”精神、凝聚力的团队。反过来，要想使自己的员工具有“主人翁”意识，将企业视为自己的企业，将自己视为企业的主人，那么管理者自身就应该以身作则，凡事当作自己的事，自觉、认真、尽力解决好遇到的问题，用心维护公司形象。这样的管理者才可以带出具有责任感、“主人翁”精神的团队和员工。

（3）让员工在成长中创造效益

很多企业的老总抱怨说，自己的员工不够优秀和努力，自己对员工的表现失望，等等。也许这之中确实有员工自身的问题，但是企业是一个整体，光强调员工的努力是不够的。你发现你的大部分员工不够勤勉，做不到“为改进工作而费心”，有两种可能：

一是他们的积极性没有被调动起来；二是你的企业不够好，吸引不到最优秀的员工。当你的薪酬福利制度不合理，薪酬水平低于行业平均水平，福利待遇不够完善时，那么员工的积极性和责任感也是毫无保障的。这两种可能，都需要你的努力，尽力调动他们的积极性，然后把企业建设得更牢固。

只有保证了企业和员工的共同成长，才能让员工建立一种与企业血肉相连、心灵相通、命运相系的感觉，才能保证团队建设的良性循环。

（4）重用那些责任心过人的员工

一家公司想要取得超越其他公司的成就，它就需要超越一般员工的员工。超越性员工不需要多么精英的头脑和多么过人的技能，也许需要的只是多一点点责任心，愿意为改进工作多费一点儿心。

如果你发现自己的员工中有责任心非常出众的，态度非常诚恳的员工，那么你要重视他，也许他的能力不是最棒的，但他的态度是一流的，这一点就足以给其他员工做表率。

如果一个员工身上具有这些特质，那么你就需要对他分外看重了：

▲为完成工作愿意付出额外的时间、精力、努力；

▲会主动承担一些本不属于自己的工作范围内的事情；

▲乐于助人，具有合作精神；

▲遵守并维护组织秩序、规定和制度；

▲对公司目标表示赞同并努力支持；

这种员工具有无私精神，能够主动承担责任，能够处处为企业着想。

4. 公平、透明、鼓励、分享

美国哈佛大学教育研究院经过长期的研究，得出了一个结论：那些杰出而成功的公司，无一例外均拥有强而有力的企业文化。正是企业文化——这既非经济也非技术的因素，决定了企业的行为模式，决定了决策如何产生、人事如何任免和员工们的行为方式、衣着习俗、工作习惯等。

企业文化是一种向上的力量，决定了条件相似的两个企业的不同发展道路，它还是一种“万有引力”，把客户和最优秀的雇员吸引到企业中来。

在很多充满竞争力的企业中，它们的企业文化中都包含了相似的因子，那就是：公平、透明、鼓励、分享。世界一流企业之所以发展迅猛、基业长青，就是因为它们拥有具备这些特征的文化氛围。

公平：企业内部的每个成员都能获得平等、公平的待遇。只有职位高低之分，没有岗位贵贱之分。每个员工都能感受到公平、平等的气氛。

透明：企业内部信息公开，没有小道消息，没有影响人心的潜规则。薪酬、奖罚、决议公开。管理者尊重员工的知情权、抉择权，团队成员之间无障碍沟通。

鼓励：鼓励其实是一种团队力量。团队内部的每个成员都能获得鼓励，在成员成功或者失败时感觉到自己不是孤独的。管理者对员工生活和工作非常关心，能够捕捉到员工的工作表现和行为心态，当员工获得成就时，能够得到你的赏识和赞美；当员工遭遇失败、挫折时，可以得到你的安慰和鼓励。

分享：分享的团队氛围能够使人们知悉彼此的信息、想法、经验和智慧，从而感受到团队的凝聚力。不仅人类会分享彼此的资源，动物也会通过叫声和气味来分享食物和危险的信息，表示我们既分享“食物”和“资源”，也分享“问题”和“危险”。

对于良性企业文化的建立，管理者发挥着倡导者、实践者和革新者的作用。没有管理者的重视、倡导、弘扬和指导，正向的企业文化就难以形成。管理者有责任将正向的企业文化熔炼为自身的风格，为企业文化带来积极向上的养分，为企业带来发展的动力。

管理者是企业文化的载体，企业文化积极力量的传递和散播很大程度上依赖于管理者的行为。可以说，没有管理者的重视、倡导、弘扬和指导，正向的企业文化就难以形成。

管理者在企业文化建设中的作用体现在五个方面：倡导者、传扬者、指导者、培育者和变革者。

优秀的管理者能够时刻将企业使命、愿景铭记于心，利用一切机会倡导企业文化；能够言行一致，做员工的表率和示范者，带头践行企业文化，使自己成为员工认同的对象、模仿的榜样。从更基础的意义上说，员工能否感受到企业文化的亲和力，能否认同、践行企业文化，都取决于管理者的以身作则，率先垂范。

公平：给团队凝聚力一片发芽的土壤

公平，是团队凝聚力发芽的土壤，它也是企业文化氛围中最重要的一点。如果一个企业缺失“公平”，就如同一座大厦缺少根基，迟早会坍塌，更无从谈起“企业精神”。倘若管理者在工作中不能实现公平公正，那么其他的企业文化特质也只能是纸上谈兵，毫无意义。

公平意味着管理者可以摒除官僚作风，不滥用职权，在工作职权之外人人平等。如果管理者做不到公平，那么员工连最起码的尊重需求都得不到。

小刘是一名工程师，他在公司里不但已经能够独挑大梁，而且还得到了很多客户的高度认可。谈起参加工作的这几年，他十分庆幸自己在现在的公司里遇到了一位好领导。在小刘上一个就职的公司里，由于他一紧张，说话就有些口吃，而且普通话发音不是很标准，所以，当时的经理总是对他有偏见，认为他笨。同样的工作，别的新员工做好了会有表扬，他做好了却没有得到任何认可，而且一旦失误就会被骂。这样过了两个月，每天一上班，他觉得自己一看到部门经理就会心情很差，生怕被经理又抓住什么把柄。后来，他终于下定决心辞职。

在新公司里，部门领导对新员工们一视同仁，当小刘在工作上有问题时，总能得到领导及时的支持，这让小刘感受到了久违的关爱和温暖，也让他工作起来更有劲头、更主动。由于小刘的努力，他很快在新员工中脱颖而出，也成为这一批新员工中业务能力最强的一个。所以，现在回想起来，小刘认为，就是因为领导没有歧视他，而是给了他一个公平竞争的机会，才有他的今天。

很多管理者都存在这个问题，对不同员工的态度不一样，不能一视同仁。要做好管理工作，首先应明确：员工之间只存在能力的差异，而没有好坏、优劣之分。所以，对待员工，一定要摒弃自己的主观想法，不因自我喜好偏袒某人，受到人情的干扰。工作上，谁能胜任，谁最适合承担就交给谁；奖罚上，做得好的，都应该给予奖励，做得差的，也应该公平处理。优秀的管理者可以很好地在工作中践行公平、公正的原则，但不合格的管理者却总是因为平等的缺失而丧失了威信和向心力。

透明：让积极性有源可寻

透明的环境将使企业员工的积极性有源头可循。什么样的环境才是透明的？透明意味着信息公开，没有小道消息，也没有影响人心的潜规则。薪酬、奖罚、决议要公开。绩效考核制度、员工奖惩激励制度、沟通管理制度、每月工作汇报制度、晋升晋级管理制度等，应该做到不保密、不隐瞒、公开透明，让员工人人都有知情权、选择权。

“问渠哪得清如许，为有源头活水来。”在公司里，如果营造出一个透明的环境，就会使积极性与主动性如同这活水一样，源源不断。

如果一个公司总是充斥着各种流言、密信和潜规则，员工不踏踏实实地工作却整天被流言困惑，公司里总是流传着诸如升职人员已经内定、某人是老板的小蜜之类的小道消息，这种环境就像是一个黑洞，再优秀的员工也会被卷进去，很难安心工作。

这里，我有必要给大家介绍一下“金鱼缸法则”：金鱼缸是用玻璃做的，具有很高的透明度。所有不管从哪个角度来观察，都能看得一清二楚。（**把金鱼缸法则应用到管理中，就意味着管理者要增加团队内部各项工作的透明度。**）团队管理透明化的另一个好处，就是管理者的行为可以受到全体员工的监督。这样，管理者与员工、员工与员工之间就可以相互监督、约束，共同提高。同时也强化了所有人的自我约束能力，进而增强团队的凝聚力。

张兵是一家外贸公司的客服部主管。该客服部有 10 名人员，尼娅是其中一位。虽然尼娅并非名牌大学毕业，但工作上进、积极认真、乐于助人。而且尼娅相貌姣好，形象甚佳，不乏追求者。因为工作需要，张兵及上级领导决定提拔一名客服部副主管，两人都倾向于尼娅。上级领导建议张兵直接任命，大家也不会说什么。但张兵坚决要求团队内部投票选举，他解释道：“尼娅平日工作认真负责，与人为善，这些大家都看在眼里。不仅顾客都很喜欢她，她在团队内的人缘儿也不错。如果我们直接内定，那么公司内部难免有流言蜚语，猜测尼娅升迁是因为长得好。这样不仅不利于我以后的管理，而且对尼娅也不公平。她凭借自己的能力绝对可以赢得这个机会的。”结果，张兵坚持了晋升透明化，让客服部所有人投票评选，他自己也只有一票的权利。因为其他部门在晋升问题上一向是主管一人拍板，而张兵如此尊重员工的选择权，所有人都很客观慎重地投上了自己的一票。结果，尼娅当选。这不仅符合了张兵及上级领导的期望，而且因为是大家自己选出来的，所以都非常支持她的工作。客服部的工作业绩获得了很大的攀升，成为公司的年度最佳部门。

如果张兵也像其他主管一样，掌握所有大权，做出任何决议前从不征求团队人员的意见，也不给予理由解释，那么团队不仅会越来越丧失凝聚力，管理者的威信也会遭受损害。当各种流言蜚语、潜规则、猜测充斥于团队中，大家都热衷于“某某能成为副主管肯定是提前内定了的”“听说某某加薪了，好像是跟老总有一些关系呢”的传播时，谁还能踏实工作、安心工作呢？

在管理中做到透明，才能消除猜疑，赶走流言蜚语，决议才能得到员工的认同，从而“心服口服”地为团队做事。

鼓励：给员工的创造性提供最佳环境

管理心理学中有一句名言：“没有一种激励，比使员工在工作中感觉到愉悦更加有效。”鼓励是一种令人愉快的能量，它可以使人们更团结，工作的心情更愉悦。鼓励意味着当员工有了成绩，或者做了额外的工作付出时，管理者能够及时庆贺、赞美，使员工能够充分体会到获得成绩的愉快感。鼓励还意味着每个人都可以因为自己的付出而获得回报，而且有时精神的回报比物质的回报更令人感动。

李思是制药公司的一名化验员，每天在大家下班后，她都会留下来整理散乱搁置的显微镜和器材，或者其他没有清理的工具。一天早晨，李思收到了经理肖恩给她发送的电子邮件，邮件抄送了全组人。信中说：“李思，谢谢你每天的额外付出。我很高兴自己能够有你这么热心的同事。对你为我们实验室做的事情，我非常感激。”

信中还提到了李思几个微乎其微的举动。李思备受感动，一整天都非常开心。她说：“经理知道我的付出，我没有白劳动。”

肖恩对其他员工的表现也是如此。只要他发现哪位员工获得了进步，为团队带来了荣誉，付出了额外的劳动，他都会及时给予鼓励。亲笔鼓励信、电子邮件感谢信、当面赞美，他都用过。如果一家企业中所有的管理者都有这种及时鼓励的意识，那么企业文化将会魅力大增，员工也会愿意工作，愿意付出。在这种正能量企业中，员工会有成就感和归属感，对工作会有更大的激情和热情。

而如果员工犯了一点儿小错误，管理者就大肆批评，严惩不贷，警告员工“下不为例”“自己负责”；而当员工做了好事，付出了额外的劳动，给团队带来好的声誉时，管理者却当作什么事情都没有发生一样，那么团队的凝聚力就会日益消散，团队的干劲儿就不会被鼓舞起来。

鼓励是员工做出正向行为的催化剂。管理者如果毫不吝啬自己的赞美之词、鼓励之语，那么员工就会自主做出你期望他去做的工作。

分享：让彼此碰撞出工作的激情

分享是一种良好的工作态度，也是一种行之有效的管理和沟通方法。当不同的观点相互碰撞时，创新的激情也被激发出来。分享是创新产生的条件，也是人类进步的条件。因此，要使办公室的工作更富有激情，应当鼓励员工发散思维，彼此分享信息和智慧。

管理者在工作过程中应该不断地跟员工分享目标，分享信息，分享经验、行业方法，分享一切值得分享的东西。通过分享和互动，管理者能够清晰地传达自己的想法和理念，在员工心目中建立起自己的管理形象和威望。对于员工而言，他们也容易理解和接受上司的想法，并在分享中吸取到更多的知识、技能和经验，让彼此碰撞出工作的激情。

在谷歌公司，有一个“谷歌咖啡馆”项目。该项目鼓励团队之间和团队内部积极互动，在工作和休闲中分享各自的创意和想法。如果员工对领导者的决策存有疑惑或心怀不满，可以直接向任何一位领导者发送邮件。谷歌公司每周都举行一次全体大会，员工可以在会议上直接向公司总裁发问。这些问题可以涉及公司的任何方面，而不受任何限制。此外，谷歌公司还专门设立了“飞盘游戏”项目，员工可以通过这一项目提交任何问题，该项目会针对员工的问题进行有效评估。正如谷歌公司 HR（人力资源）高级副总裁斯泽罗·鲍克所说：“我们尽可能建立多种共享平台，让不同的员工和不同的创意以不同的方式展示出来。”

人类是社会性动物，每个人都需要与别人分享自己的情感、生活、经历，这也是为什么当前社交网站特别流行的原因之一。人们热衷于把自己的生活放在微博上，分享给自己的朋友。可以说，分享与互动是这十来年，也是未来发展的主题。因此，在企业内部给予员工一个分享的平台和氛围，是成功企业的必备条件之一。

公平、透明、鼓励、分享的企业文化氛围就像是凝聚力的制造机，它会得到员工的欣赏和认同，激发出员工的工作热情，成为员工内在的工作动力。当公司能够创造一种使员工沉醉于工作中的文化氛围，并且能够帮助员工在工作中获得成就感，在企业文化中获得归属感时，那么你的公司离成功就指目可待子。

5. 有了成绩，立即庆贺，有运转良好的游戏规则

当一个团队拥有运转良好的游戏规则时，那么团队就能：始终使正面行为获得激励和奖赏；每个人都可以获得公正待遇；每个人都拥有积极奋进的精神；员工对团队更有归属感和认同感，增加了员工对公司的忠诚度。

运转良好的游戏规则对一个团队的良好发展是必不可少的。而游戏规则是否合理，能否良好运转，在很大程度上依赖于扮演统领角色的管理者。

激励

激励，就是通过一系列的手段、制度、过程去激发员工的工作动机（带给动机），鼓励工作激情（激发热情）。激励是一个过程，能够给员工带来前进的动力。一个充满生命力的企业，一定会具备一个良性的激励机制。

激励为什么存在？企业追求的是利润和效益，而员工追求的是个人的需要。激励能够在企业需要和个人需要之间架起桥梁，连接起个人利益和组织利益。这个桥梁作用的发挥和实施则依靠管理者。

运转良好的激励机制能够带给团队向上的力量

华为是一家生产销售通信设备的民营通信科技公司，20 世纪 80 年代刚成立时，还是一个不足二十人的小作坊，经过二三十年的发展，在国内、全球都取得了相当不错的成绩。2007 年华为的合同销售额 160 亿美元，其中海外销售额为

115 亿美元，并且是当年中国国内电子行业盈利和纳税第一。截至 2008 年年底，华为在国际市场上覆盖一百多个国家和地区，在全球排名前五十名的电信运营商中，已有四十五家使用华为的产品和服务。

从小作坊到全球性公司，华为公司的发展与其激励机制是分不开的。公司在实践中摸索出一条积聚高科技人才，全方位、多层次的激励系统，吸引并留住高素质人才，激发他们的潜能，从而造就了今天华为的辉煌。

华为公司的激励机制，我常在讲课中拿来分析，主要包括以下几点：

1. 文化激励。华为著名的“狼文化”，其核心就是团结协作、集体奋斗。另外，华为还一直营造“企业就是家”的理念和氛围，让员工在公司也能感受到像家里一样的温暖和认可。

2. 物质激励。华为公司的员工薪资在国内属于最高的级别。除了薪资外，华为还推行全员持股制度，让“企业就是家”的理念有制度的保障。这些物质激励让优秀人才聚集到华为，同时还让优秀人才留在华为。

3. 精神激励。物质激励的作用远远小于精神激励，所以华为公司的各种荣誉奖励数不胜数，还专门设立了一个荣誉部，对员工进行评级、定奖，设立了很多荣誉项目。

4. 其他激励。全面、明确的职业生涯规划，完善的培训机制，成熟的员工福利，都作为一种激励方式，使员工在华为公司里找到了努力的动机。

这些激励方式互相支撑，互相补充，在运作过程中充满了积极的力量，不断地激发了员工的潜力，使华为的效益蒸蒸日上。从一个名不见经传的小作坊，走出深圳，走出中国，面向全球。

反观所有的大企业，无不具有公平、合理、有效的激励机制。比如，谷歌、微软、苹果、通用电气这些大公司，管理层对公司的激励机制都灌注了特殊的注意力。 美国以管理闻名的大企业 IBM（国际商业机器公司）公司有一句名言：“员工能力与责任的提高，是企业成功之源。”而合理的激励机制，可以帮助企业充分开发人力资源潜力，提高员工的归属感，满足员工的经济、自尊与自我发展的需要，从而提高企业的核心竞争力，取得团队的成功。

公司需要一个稳定、持久并且良性运转的激励机制。具备以下特点的激励机制能够引发正向的目标导向。

（1）不依赖现金激励

纯粹现金形式的奖励很容易产生“边际效应”。“边际效应”是经济学中最重要的概念之一，是指“消费者在逐次增加一个单位消费品的时候，带来的单位效用是逐渐递减的”（虽然带来的总效用仍然是增加的）。

当员工第一次获得1000元现金奖励时，他的喜悦值是10，工作热情被激发了100%；第二次他获得1000元现金奖励时，喜悦值可能就变为9，工作热情被激发了90%；到了第三次获得1000元奖励时，他的喜悦值已经下降到8甚至更低，工作热情则可能是50%或60%，甚至更低。

如此下去，同样数额的现金奖励，次数越多，获得的激励效果却越小。而你为了激励员工的工作热情，就需要增加现金的数额，但时间一久，仍会表现出“边际效应”。长此以往，你的现金投入会越来越多，而员工工作热情的激发也会越来越弱，形成恶性循环。对于大多数工作岗位而言，在所有的奖励方式中，纯粹的金钱奖励所带来的效果、激发的工作热情最低。因为员工很容易把现金奖励视作自己工资的一部分，而忽视掉它的激励作用。

员工获取的金钱应当与他们的能力和业绩挂钩，金钱给员工的认识应该是能力、业绩的回报，而不是公司对自己的重视和赞赏。身为管理者，必须警惕这点。

（2）最好的奖励是“高名誉价值+低金钱价值”

这点对于能力卓越的员工而言更重要。管理者应该意识到物质奖励并非最重要的，在激起工作热情和积极性上，精神上的鼓励和奖赏更有效，尤其是当人们的经济水平达到一定程度后，物质奖励可以带来的效果微乎其微。

跨国公司深谙这一点，他们充分了解精神奖励能够增加员工的荣誉感和成就感。在IBM，员工最想要的奖励之一是“销售人员月度奖励”，这种奖励是证明他们的成绩的一张证书和一只价值两美元的橡皮鸭模型。获奖者通常会认真对待它，把它郑重地摆在自己的工作台上。人人都为了这个奖励努力工作，期望自己可以成为当月的奖励获得者。

一些公司会制定“获奖者将与公司的 CEO 共进午餐”这种奖励，效果斐然。这让人想起高价的“巴菲特午餐”。通常情况下，CEO 的领袖魅力越大，员工就会越看重这种奖励。

我们小时候最想要的奖励是什么？不是作业本、铅笔，而是墙上名字后面的小红花、班级流动红旗。

物质奖励并非最重要的，在激起工作热情和积极性上比不过精神上的鼓励和公开奖赏。如果说物质奖励能够给员工带来瞬间的快乐，那么精神奖励带来的快乐将被牢记于心。从团队利益出发考虑，物质奖励只会增加团队的成本开支，而精神奖励则能实现低成本付出、高绩效收益的良效。管理者应该清楚地认识到这一点，以内在动机激发为出发点，在工作中多采用精神激励。

（3）公开奖励能带来最大效果

奖励虽然颁发给个人，但是它的主要作用仍然在团队：奖励必须对整个团队起到激励作用，让大家都知道企业的价值导向，什么样的行为符合企业预期目的。“千金市骨”，一个君王花了 500 两黄金买了千里马的骨架，看上去是没有用，然而这个公开行为充分彰显了君王对千里马的渴求，最终一年内获得了许多匹好马。奖励一个人的目的是给所有的员工看的，一个好的奖励能实现整个团队士气的提高。这是一个优秀管理者应该有的全局意识。如果私下里将奖励授予优秀员工，那不仅没有激励整个团队，对该优秀员工的激励也没有实现。**（因此，一定要重视员工获得承认、获得重视的需求，给予他们公开、及时和明朗的认可。）**

受人关注、为人重视是人的本性，任何人都希望得到关注，成为焦点。你在为一个员工授予奖励的同时要考虑到员工的本性所需，使其享受到掌声、目光和光环带来的自豪感和荣誉感。同时，这种公开奖励还能给其他员工起榜样效应，使得整个团队的力量达到最大限度的激发。

（4）有了成绩，应当立即庆贺

小时候，当你获得了奖状，是不是很想第一时间告诉父母你获得了奖励？当你过生日时，是不是对最早送上祝福的人最感激？如果你在正月初一过生日，但是直到初二早晨才收到他人迟来的祝福，你会开心吗？员工激励的道理与这些生活常识一样：越及时，效果越好。

当员工有了工作成绩时，你应该立即给予庆贺。

尤其是当员工为整个团队带来了荣耀，那么庆贺更应该及时。及时的庆贺能够把欢乐延长，令愉快的烙印加深，当庆贺结束，那种愉快的感觉也会留下来，使员工更有动力投入今后的工作。

正确奖励，避开误区

在实施奖励时，应该遵守一些基本的游戏规则，避开奖励的误区。

误区1：人人都可以获得奖励

对策：奖励必须是每个人努力“争取”到的

只有当奖励是需要通过努力争取到的时候，才可以起到激励作用。所以，管理者要明确认识到“人人都可以获得奖励”这个误区，确保奖励是需要通过努力得到的。

误区2：只要努力了，就可以获得奖励

对策：奖励的是成果，而非努力

很多管理者会犯这样的错误，给员工奖励时容易买卖人情，“他虽然工作不出色，但很努力呀”“他工作任劳任怨，没有功劳也有苦劳啊”“他虽然业绩不好，但乐于助人啊，活儿没少干”。于是，便会制订一些努力型奖励，如“年度好员工”“爱岗敬业员工”“精神文明最佳员工”。这种无原则奖励行为会给员工造成错觉：只要我努力，就会获得奖励。如果当所有员工都忙忙碌碌，但却碌碌无为、业绩平平时，你的团队也就失去了竞争力。

激励能够带给员工成就感和满足感，但前提是你奖励的是“成果”而不是“努力”。

应该给员工灌输这样的认识：奖励的是成果而不是努力。并非你努力了，就可以获得奖励。当你努力了，而且出了业绩，取得了工作成就时，才可以获得奖励。

奖励“努力”也能激发员工的满足感，但绝不会激发他的成就感，相反成就感会越来越低。在我的职业生涯中，我见过许多非常“努力工作”但业绩却并不出众的员工。他们往往性格好、爱岗敬业，同时是公司里的老好人，但是工作业绩却不如人意。

你的奖励应该有原则，而这个原则要基于团队的发展和进步。一个员工任劳任怨、爱岗敬业，但却对团队的业绩做不出任何贡献，那他凭什么可以获得奖励呢？如果你一味地奖励“努力”，那员工会觉得“只要努力就可以获得奖励，不管有没有成果”。如此下去，因成果而获得奖励的员工会心生不平，渐渐丧失对奖励的兴趣和争取。

只有奖励“成果”，才能体现团队的工作成就发展导向，才能维持奖励机制的公平、有效，才能越来越提升团队的整体竞争力。

误区 3：奖励在于雨露均沾，偶尔不公平没关系

对策：奖励必须保持公平

奖励努力，而不是成果，对能力型员工而言是不公平的。很多管理者性情柔和，在奖励问题上总是想做到“雨露均沾”。当一个员工一直没有获得奖励时，这样的管理者会想方设法给他创造奖励的机会，这样就造成了奖励的不公平。

公平性是员工管理中一个最基本的原则，如果员工感到任何不公的待遇，就会影响他的工作效率、工作情绪，即使是微小的不公平也会影响激励效果。因此，对于取得同等成绩的员工，一定要给予同等层次的奖励；如果一个员工一直得不到奖励，那么管理者应该做的是给予工作指导和策略调整，而不是对其给予同情奖励。如果奖励失去了公平性，那还不如不给奖励。

误区 4：奖励有时可以作为给员工的“补偿”

对策：不要奖励错误的事情

有个经典的寓言：蛇捉到一只青蛙，它叼着青蛙回窝时被农夫看到了，农夫同情青蛙的性命，就把青蛙从蛇口中救了出来，但是农夫又觉得对不起饥饿的蛇，为了补偿蛇，他把自己酒壶里的酒倒出来给蛇喝了两口。蛇高兴地离开了。不久之后，蛇又回到农夫的身边。农夫惊讶地发现，蛇嘴里叼着两只青蛙又来找自己了！

很多人会嘲笑农夫的愚蠢，其实这是管理者常常做的事情：一个员工在工作中出现了失误，按照规定，你扣了他的工资和奖金。但你又于心不忍，于是给他更简单的工作或者悄悄给他点儿补偿。时间一久，你会发现，这个员工犯错误的概率不但没有降低，反而提高了。因为他已经对你形成了依赖。

如果奖励错误的事情，那么错误的事情就会经常发生，这是对员工负面行为的强化。不仅不能促进正确结果的出现，反而还会加重出现错误的概率，与奖励的初衷南辕北辙。

6. 出了问题不推脱，不抱怨，立刻解决

我发现，成功的团队都是相似的：积极、主动，氛围乐观，做事有效率……而失败的团队则各有各的失败之处。公司能否成功，只要看一个小问题发生以后，部门、员工对待问题的态度就能得出结论。

如果管理者在遇到问题时，立刻给予“抱歉，这是我们部门的失误，我会及时处理”“这是我管理不力，我会及时解决”“我们会抓紧办理”之类的答复，并且立即进行协调解决，哪怕是多部门之间的多环节问题，该管理者都能顺利去协调，这位管理者就是一位优秀称职的人，他所带领的团队也会感受到领导的态度，潜移默化，从而遇到问题首先想到的不是“推卸责任”，而是“解决问题”。

而失败的团队却借口丛生：推脱、抱怨、迁怒，各种回复都成了敷衍工作、回避错误、原谅自己、推卸责任的挡箭牌。常见的回复像这样：“我跟他们部门商量一下，看谁来负责这事。”“我跟他们说过了，他们不听我的，有什么办法。”“这事情我不清楚，你问别人。”“都怪小张，他没做好分内的工作。”……问题一出现，首先想到的就是推脱，这样的团队其工作效率可想而知。

杰克·韦尔奇曾说：“在工作中，每一个人都应该发挥自己最大的潜能，努力工作，而不是耗费时间去寻找借口。因为公司安排你在某个岗位上，是为了让你解决问题，而不是听你那些关于困难的长篇累牍的分析。”

态度、效率和铁腕

出了问题不推脱、不抱怨，立刻解决。这是一种态度、一种效率，同时也是

铁腕政策下的执行。在处理问题的方式上，优秀的团队管理者尤其能够“以身作则”，有着遇事不推脱、不抱怨的态度；有着有事立即解决，寻找转机的效率；必要情况下，能够实施铁腕政策，以确保团队的执行力。

（1）态度：敢于承担责任

一家制造型企业生产车间所需要的某种原料不足，延误了生产，于是总经理询问生产经理。生产经理答复原材料采购申请早已提交到了采购部，却迟迟未到货，总经理又询问采购经理，采购经理回复：“我和供货商打电话，催他们供货。”事实是采购助理给供货商的交货日期写错了，很显然采购经理企图掩盖本部门工作的失误。本来是采购部门的失误，但采购经理却掩饰，将责任推到供应方头上。这是典型的消极管理者。这样带团队，必是带出一个投机取巧、善钻营的团队。

生产经理对于采购部门经常拖延非常不满，总是和其他部门同事抱怨。当同事问他：“为什么不直接去找上级领导解决？”生产经理回答道：“以前说过，解决不了，总说会得罪人！再说，这也不是我应该管的事情，该管的人不管，该自觉的人不自觉，我找领导也解决不了！”只为了不得罪人，就将此事跟自己的关系和自己应该负的责任推脱掉。这样的人也很难说是一个敬业的人，更不要说是一个好的团队带头人。

后来，公司里进行人事调整，换了李经理来负责生产。李经理的思路是，不管是谁的责任，事情已经这样了，终归是要解决。他上任以来，经过多次摸索和总结，最终增加了一个生产计划协调岗位，该岗位每天的工作就是打电话协调市场、采购、生产部门之间的进度。“××经理，你签的那个A合同，用户是不是需要按时交货啊？”“××经理，B合同原定计划是下周出厂，请问用户那边的交货地址是什么？”“××经理，不好意思，原定20日到货的C采购件是给D工程用的，我问过××经理，他说用户进度推迟了，那么C采购件就不需要这么早付款到货了。什么时候要，我再通知你。”“×× 经理，采购计划上的 E 采购件确定是下周要到货的，请问能按时到货吗？”经过大半年的运行，总经理惊喜地发现，库房库存减少了 30%，资金运作比以前顺利了很多，市场人员打电话反馈不能按时交货的也少了很多。生产线上的员工们也发现自己的工作安排变得有序起来，虽然工作量并没有减少，但是加班时间明显减少了。

在这个案例里，李经理并不像他的前任，把所有的责任都推到采购部，而是采用增强沟通、主动询问的办法，使经常变化的采购、交货环节变得可控，最终达到了提高效率的目标。

（2）效率：有了问题，立刻解决

在企业中，员工的工作态度的作用往往大于能力。有了问题，立刻解决是一种正确的处理方式。处理问题的行为越迅速，损失就越小；解决问题的速度越快，越能把损失控制到最小，对于企业的负面影响也越小。分析好团队的工作方式，你会发现：员工在问题出现后从不是揪着“怎么出现的？谁导致的”，而是关注于“怎么解决”。此外，团队员工能够重视工作中的细节，不放过任何细小差错。这种处理方式能够避免很多重大损失的发生，保障了团队的稳步发展。

我们每个人的工作都是由小事构成的。士兵每天的工作就是体能训练、战术训练、站岗、学习，酒店服务员每天的工作就是迎接顾客、整理房间、打扫卫生。如果持有“这种小细节不会造成多大的影响，有点儿差错没关系”的态度，那就为工作效果埋下了隐患。“防微杜渐”说的就是这个意思。

效率在优秀管理者身上的体现主要有三层：

1. 问题发生时，将团队利益放在首位，主动承担责任，及时制订解决方案，动员全队去解决。

2. 在平日的管理中，当发现员工工作上的小差池、小错误时，及时给予提醒，帮助员工树立“防微杜渐”的意识，养成“问题无大小，责任从己寻”的习惯。

3. 当员工对工作有抱怨，对团队问题有反映时及时给予重视，鼓励员工发现问题的热情，培养团队“发现问题，解决问题”的责任意识。

（3）铁腕：适当的铁腕政策保证团队的卓越

曾有一位经理人向我咨询：“如何才能做到像那些大公司一样，始终拥有最优秀的、只解决问题不爱抱怨的员工？”

我说：“也许你的要求还不够严格，如果你希望员工‘不推脱、不抱怨，只解决问题’，就应当用这个标准要求他们，把这当成你的底线，如果他们做不到，就需要考虑让他们离开。”

美国通用公司每年都有考核，他们考核所遵循的就是“一二七法则”：考核后，会有70%的人是合格，20%的人工作十分优秀，而剩下10%的人就面临着被淘汰的境遇。这10%的淘汰率是必须要有的。所以，无论所有员工做得怎么样，总有10%的人会被淘汰。

这样做虽然不近人情，但是通用却保证了始终拥有最优秀的员工。你如果想要拥有卓越优秀的员工，或许也应当适当地使用铁腕政策，保证“不推脱、不抱怨”标准的实行。

一个团队要想拥有军队般的执行力，就必须培养军人般的意志和铁的纪律。在生活中，我们需要人情；但管理中，我们需要纪律和规则。每个人都有惰性，如果员工不能将你的要求视作命令，那么他们总会从问题中寻找借口和托词，所以“no excuse”（没有任何借口）“我只要结果”有时可以作为你对员工的用词。

培养不找借口的员工

（1）态度：没有借口是一种竞争力

“不找借口”是最近几年非常流行的管理理念，从美国西点军校的行为准则到“500 强”公司的成功秘诀，从“把信送给加西亚”到“没有任何借口”。说出来大家都能理解，然而做到的企业并不多。

中国的教育从小就潜移默化地教孩子找借口。比如说一个孩子摔倒了，家长往往会立即奔过去扶起孩子，哄着他：“宝宝别哭了，都是这个凳子挡住了你。凳子不好，看奶奶来打它！”有的家长去拍地，因为是大地不好。这看似简单的一幕，却是在告诉孩子，你摔倒了，不是你自己没掌握好平衡，而是因为其他的原因。

在企业内部，很多员工在出了问题后就是先撇清自己，这件事情的发生不是我的责任，如果正好是自己的责任，无法逃避的话，则会去找借口：“是因为那天天气不好。”“经理没有给我，我就没办法去做。”“平时都是这样的，我没想到那天竟然发生了那样的事情”。……

如果一个企业从领导到员工都忙于找借口，那企业里怎么可能存在竞争力？“不找借口”是优秀公司的一个基本特征。

（2）培养员工的承担责任意识

承担责任是一种积极心态，一个拥有承担责任意识的员工在工作、生活的方方面面都会体现出责任感。

以下几个问题可以帮助你更好地了解一个人的责任感：

白天上班，下雨没带伞，你对此应该承担多少责任？

夫妻关系不和谐，你应该承担多少责任？

孩子学习不好，你应该承担多少责任？

生产部门产品不达标，你应该承担多少责任？

你的领导做决策出现了失误，你应该承担多少责任？

你的团队内有员工相互之间关系不和谐，你应该承担多少责任？

北京空气污染严重，你该承担多少责任？

对于这些问题，多数人的回答都是一致的：

没有带雨伞，这是自己的错误，我应该承担 100% 的责任；

同妻子的关系出现问题，我最多承担 50% 责任；

孩子学习成绩不好，我应该承担主要的责任；

生产的产品质量出现问题，我作为销售领导，和我没有关系，不承担责任；

我的领导决策上的失误和我没有什么关系，我也没有能力去改变，所以我不应该为其承担责任；

我带的团队成员之间关系不和谐，我没有责任，毕竟人际关系是自己经营的，牵涉到的双方各自应该负担责任；

北京空气污染严重，这个好像与我没有太大关系，所以牵扯不到什么责任。

这些题目可以用于自省，也可以用于分析你的员工的责任感。在这里，承担责任不是法律问题，也和道德没太大关系，它是一种心态问题。

你会发现，大家对于承担责任的看法是："如果自己认为这件事情与我有关，那我就会承担责任。""我的领导决策失误和我无关，北京空气污染也和我无关。"你当然可以这么认为，但是你这么认为之后，你一定对你认为与你无关的事情没有任何影响力。

如果每个团队成员都是这种想法，那么出了问题没有人会承担，都只象征性地承担自己的百分之几，这样的团队注定是一个失败的团队，缺乏凝聚力和向心力。

优秀的管理者会培养员工的承担责任意识。在出现问题时，能够将团队作为一个整体来应对问题。而且，优秀的管理者能够意识到人人都有的"责任分散意识"，时刻培养员工的责任承担行为，给予纠正或鼓励，渐渐培养起员工的承担责任能力。在这个问题上，应该明确三点：

1. 问题是团队的，也是每个员工的。一旦团队出现了问题，那么每个人的责任就是 100%。

2. 当问题出现时，管理者承担最大的责任，与问题关系最大者次之。

3. 问题解决后，承担责任最大者，功劳最大，所获奖励最大。

（3）对员工谆谆教诲

我发现好团队的员工都很自信，他们对自己的能力有信心，对自己处理问题的能力更有把握，所以他们很少会用“这个事情比较复杂，恐怕做不了”这样的答复来交代。

一位学员给我讲过这样一个故事：

在他担任人事经理的时候，遇到过一件让他感触很大的事情。因为想联系一位行业名人为他们公司做员工培训，他把这件事吩咐给了林森。林森是人事部的老员工，他觉得林森做事比较认真，也放心。一周后，他向林森询问联系进展。林森说：“杨经理，这事不好弄。人家可是名人，而且现在各地讲学，很难找到他，我咋去联系他呀？这事儿不靠谱儿，要不咱们别费力气了吧。”他当时就有点儿失望，接着问林森：“你尝试了吗？你联系他以前的工作单位了吗？你调查过最近他出席的会议了吗？你有没有调查他最近的一次讲学是在哪儿？你试图找过他的助手吗？找过培训代理机构没有？”林森回答道：“这么麻烦啊？我没往这些方面想。我只是觉得这事儿肯定不可行呢。”

我们在工作中经常遇到这样的员工，事情办不了的原因不在于事情本身的难度，而在于人为想象的难度。

你吩咐了一件事情，员工开始以为是小事一桩，执行起来才发现并不简单，设想一下难度和可行性就不敢继续了。等到你再询问进展时，得到的只是事情多么多么难，怎么怎么不可行，一堆理由。说到这里，你也发现了，很多时候员工找借口推脱责任，很大一部分原因在于“不是做不到，而是想不到”。

优秀的管理者善于引导员工评估一项工作要用到的资源，理性看待工作本身的难度，学会从纷繁的事件中找到线索和思路，一步步化解难度。关键是，优秀的管理者会培养员工对任务的承担意识。

要知道，员工对团队的责任感，远远没有管理者大。你只有在工作中有意识地培养他的责任意识，对他的工作方式谆谆教诲，教会他理性看待工作和永不言弃的态度，才能得到你期望看到的韧性员工。

懂得管理，更重要的是懂得做人

人是社会性动物，不能脱离群体而存在。没有谁可以在生活中孤立存在而不依赖于他人。一个懂得做人的人，人生之路会越走越宽，越来越好。

做事如做人，懂得管理，更重要的是懂得做人。

一个企业如同一个小型社会，企业中没有哪个部门可以单独存在。很多问题的解决，需要几个团队的配合。很多时候，你的团队内部问题的解决还需要其他部门的协助。

但是，如果你跟其他部门领导关系很僵，对其他部门员工不友好，当你有事相求时，他人怎会愿意出手相助呢？

所以，我给中层培训的时候总提管理者自身修养的问题。做事容易，做人难。如果人做好了，那么事情就容易多了。事在人为，说的就是这个道理。

做人要正心，正直与诚信是根本。在平日的管理工作中，脚踏实地，堂堂正正，树立自己的品德，建立自己的诚信度。

答应别人的事情，一定要兑现；举手之劳的事情，多做常做；减少自己的敌人，能够化敌为友更好；对待员工，要用心、细心，做到“体恤民情”；对待领导，要耐心、宽心，做到“我办事，你放心”；在他人寻求帮助时，及时伸出援手，送上“人情”。

能够做大家眼中的“好人”，才有机会成为领导眼中的“好员工”，同事眼中的“好伙伴”，员工眼中的“好领导”。

优秀管理者都是人品好、口碑好、同事关系和谐、上下级关系良好的人。

他们平日注重自己“情感账户”的存款，为自己部门工作的开展做了良好的铺垫。

所以，管理是一门艺术，懂得管理，更重要的是懂得做人。

7. 沟通无障碍

曾经有人问我，对于一个团队来说，最重要的是什么？我回答："是沟通，而且是积极的沟通，积极的沟通本身就是执行力。"

团队，并不是几个人凑起来就可以称为团队。良好的沟通会让大家各司其职，以一个整体去工作；反之，有障碍的沟通则会引起内耗，让公司效率大打折扣。有个著名的故事"一个和尚挑水喝，两个和尚抬水喝，三个和尚没水喝"，讲的就是内耗。从管理的角度来说，如果三个和尚一开始就有良好的沟通，按日排班，则人多力量大，会过上更好的生活，而不是"没水喝"。

良好的沟通就是建立团队默契的关键。你想要一流的团队，就要有一流的团队沟通。好的沟通就是执行力，好的沟通就是生产力。管理者应该在团队内部营造一种无障碍的沟通模式，为企业向上力量的传递搭建一个无障碍的平台。

在一个公司里，无障碍的沟通可以让员工与管理者之间减少隔阂，更有利于向一个共同的目标前进。当员工知道得越多，就不会产生误解，也会开始关心企业的发展。当团队里的员工有了良好的沟通后，每个人都会有一种被认同感，从而爆发出热情和积极性，使公司里充满凝聚力，无往而不利。

美国沃尔玛公司总裁山姆·沃尔顿曾说过："如果你必须将沃尔玛的管理体制浓缩成一种思想，那可能就是沟通。因为它是我们成功的关键之一。"

沃尔玛认为，实现沟通的前提就是让所有员工一起面对现实。所以在整个管理体系中，人们处处都能看到，公司致力于通过信息共享、责任分担来实现良好的沟通。

比如说，沃尔玛公司的门店非常分散，遍布美国各地。在互联网通信技术还不是很发达的时候，公司的行政管理人员每周花费很多时间飞往各地的商店，其工作职责就是通报公司所有业务情况，让所有员工共同掌握沃尔玛公司的业务指标。同时，在任何一个沃尔玛商店里，都定时公布该店的利润、进货、销售和减价的情况。这些数据的公布并不仅仅面向管理层，也向每个员工、计时工和兼职雇员公布各种信息，通过让他们了解门店的情况来鼓励他们争取更好的成绩。

沃尔玛公司在召开股东大会时，都尽可能让更多的商店经理和员工参加，以便于让他们看到公司的全貌，做到心中有数。为保持整个组织信息渠道的通畅，沃尔玛还非常注重收集员工的想法和意见。山姆·沃尔顿认为让员工们了解公司业务进展情况，与员工共享信息，是让员工最大限度地干好其本职工作的重要途径，是与员工沟通和联络感情的核心。

沃尔玛也正是借用共享信息和分担责任，适应了员工的沟通与交流需求，达到了自己的目的：使员工产生责任感和参与感，意识到自己的工作在公司的重要性，感觉自己得到了公司的尊重和信任，积极主动地努力争取更好的成绩。

为员工打开沟通之门

只有互相尊重，才能把积极的力量通过沟通传递下去。如果管理者颐指气使，说再多的话都不会让员工相信他的诚意，也不愿去了解管理者真实的用意。

在我20多岁的时候，曾与一位大人物有过一面之缘，当时我只是作为陪同人员，跟我当时的领导一起与他会面，那时候我毫无身份可言，但是在会谈过程中，每当轮到我发言，他的面孔都会转向我，目光非常专注地放在我身上，好像那一刻世界上只有我们两个人在沟通，探讨的是可以影响全世界的大事——那一刻他的神情深深地打动了我，虽然他对所有人都是这样，但是对我来说是难忘的体验。

真正的尊重，不仅仅限于口头上的敬语，而是在沟通中重视彼此，用心地探讨和倾听。包括后来我们结束了会面，握手的时候，我也感觉到他手掌的温和有力，而不是那种例行公事般的短暂碰触。

时间已经过去很久了，这位大人物给我留下了很深的印象。我知道，他的成功并不是偶然，他对别人的尊重，也赢得了人们对他的尊重。

在公司里也是一样，给员工提供开放的沟通环境，可以保护员工的沟通积极性，鼓励员工畅所欲言，发挥他们的创新力和观察力，促使员工关注公司的发展。

有的管理者号称自己非常民主，善于沟通，然而他们在与员工谈话时往往是采取一种居高临下的态度，在员工还没有充分表达意见的时候，就下了结论。其实这是因为管理者在潜意识里看不起员工："你能有什么看法？一切都在我的掌握之中，你们只要听我的就行了。"员工也不傻，当管理者没有给他们足够的尊重时，他们会担心如果自己硬要开口表达意见会遇到自取其辱的局面。所以在这种情况下，员工们宁愿三缄其口。

有很多管理者只知道"先说再听"或者"只说不听"，尤其是在会议上，这种管理者常常滔滔不绝，将自己的观点、立场陈述透彻后，再补充一句"大家有什么意见，可以提出来"。慑于权威，大多数员工都不会吱声，选择沉默。即使有发言者，也是表达对领导意见的赞许或无伤大雅的小想法。

这样的沟通是单向的，完全达不到原来的目的，往往是浪费了很多时间，听管理者一个人在说话，员工还是有自己的想法，对公司并不认可。久而久之，管理者与员工之间便有了隔阂。管理者了解不到员工的真实想法，而员工也不善于表达自己的意见了。

打开员工的沟通之门，才能走进员工的心里。所以，我建议管理者们在说话之前，先倾听。鼓励员工各抒已见后，再陈述自己的想法。

为员工开启沟通之门的另一含义是：帮助员工争取发言权。有些管理者，我称他们为"统握大权，担心失政"型，一旦遇到员工提出的建议自己无法定夺时，便直接枪毙。这种管理者是自私的，他们害怕卓越的员工超越了自己，威胁到自己的威信。为保全自己的权威，他们便将员工的想法拦截，导致信息流通不顺畅。

一名优秀的管理者应该处处为员工考虑。在自己无法定夺呈报的意见或信息时，管理者应为员工申请“越级上报”的机会，或陪同员工一起将意见反映给上级。在多年的管理实践中，我发现很多公司在这点上做得很好，公司管理者保证了公司文化的开放和沟通，公司内部任何员工在直属上级许可或陪同下都能够与高层领导进行直接沟通。这就是无障碍沟通。

沟通要有目标，没有目标的沟通是一种消耗

在管理过程中，一次良好的沟通应当有重点、有目的、有反馈、有结果。所以每次沟通前要先考虑清楚，心中要有个沟通计划表，包括沟通的内容是哪几方面、沟通的目的、期望的结果及反馈。每次沟通都应当有重点解决的问题，最好在一次沟通中可以解决掉，如果解决不掉，约好下次沟通的时间。有些内容需要多人沟通，有些则适合单独私下沟通。

有的管理者在开口谈话时没有重点，让员工听得云里雾里，不知道领导到底是什么用意，这样的沟通就没有达到原来的目标。还有的管理者与员工谈着谈着，谈话范围就改变了，有时甚至变成了侃大山。这种现象是因为管理者的控制力比较差。

钱经理刚刚上任，负责公司的采购和物流工作。他很快就发现采购环节里有问题，经常不能按计划把物资到位。为了解决这个问题，他找到小李来了解实际情况。小李在采购岗位上待了很久，由于他采购的东西经常不能按时交货，在发生质量问题时，解决得也比较拖拉，其他部门对小李的意见很大。钱经理一开始就问小李怎么能按时采购，小李用一种很委屈的态度来回答，采购计划下得太迟，老总资金不批准……说着说着就开始诉苦，自己在采购岗位上待了这么久，经常被人批评，到底图的是什么？自己也没办法啊，各种各样的原因，最后都反

映到采购件不能到位，黑锅都让自己背了，云云。

钱经理一看小李这么委屈，有点儿慌了手脚。平心而论，小李还算是能干的，他本来想指出小李的工作疏忽，并想给他提出改正建议的话题，可这时他再也说不出来，反而安慰起小李来了。等谈话结束后，钱经理才发现这次沟通与自己的本意相背离了。

像这种情况，在新任主管身上比较常见。事先没有经验，没有考虑到相应的对策，在出现自己没有想象到的局面时，话题就会外扩，甚至改变原来的主题。所以，管理者在准备和下属进行沟通之前应该明了本次主要的沟通目的，不管怎样都要达到自己的沟通目标。钱经理在小李发牢骚时，应该先注意倾听，当小李把借口都吐露之后，话题告一段落时，钱经理应该立即抢过话题："我完全能理解你的感受，在工作中受到了不少委屈。但是，谁没个委屈呢？你看 ×× 岗位，他们拿不到采购件，无法生产，被其他部门的人催促，他们该多委屈啊……"然后话题再一转："有些情况是我们无法改变的，但是在这些限制下，咱们来看看能不能尽可能地不耽误采购时间呢？你有什么好的建议？"

这样一来，小李认为自己得到了领导的理解，转而觉得自己也确实给别人带来了麻烦，现在是领导来问解决办法，所以他的态度也由一开始的被动委屈，变成了最后的积极主动。这次沟通最终达到了目的。

每次的沟通内容都要有清晰的目标和定位，谈什么，为什么而谈，应当达到怎样的效果，要事先心里有数。这来源于良好的控场能力和事先充分的准备。每个管理者都要训练这方面的能力，来使自己的意愿能够顺利、可靠地传达下去。

有一次，我对属下的工作方式有意见，我把他叫到办公室，提了一堆琐碎的意见：你的工作方式不对，你上班的时间不够准时，你没有完成你的工作，我觉得你对我态度不好。

下属被我训斥了一番，也不明白我主要的愤怒点在哪里，但是他知道"我对他有很大意见"，然后他回去了，对同事说："老大训我了。"

同事问："训你什么了？"

他说："反正就是对我有意见呗。我以后就小心点儿吧。"

这就是一个典型的消极沟通，自然是非常失败的：首先，我在态度上对他不够尊重，我没有询问和倾听为什么他有些地方做得不好，为什么对我的态度不好。沟通没有解决任何问题，只是向他传达了一点：我生气了，我对你有意见。

其次，我的沟通不够专业。虽然我对他意见很多，但是我提的意见却没有一个明确的主题，我的具体要求是什么？我希望他哪些方面进行改进？我的沟通重点在哪里？全都没有讲明，我只是发泄了我对他的不满。他仍不知从何处改进，也不知道怎样改进。事后，他的工作方式仍然得不到提升，他也不会对此有足够的重视。说到底，这次沟通毫无成效，这样的沟通纯粹是个人情绪的发泄，满载着破坏力。

每次沟通都能得到反馈

无障碍沟通还意味着每次沟通都能得到反馈。管理工作要求闭环反馈，任何环节都不应该开环，失去控制。沟通也是一样。沟通反馈有两种：一种是领导布置工作任务时，下属应该在适当的时间进行反馈；另一种则是指员工向领导提出自己的想法时，领导应及时给予反馈。

有位老板对我抱怨说："我曾经有个下属，工作能力很强，但是在沟通上特别成问题。每次问题到了他那里，都得不到他的反馈。大家开玩笑说，和这个同事沟通是'有去无回型'，和他的沟通永远是你单方面的——得不到他的回应。这种沟通等于没有。每次我和他确认问题，都需要两次以上的沟通，因为第一次我和他谈过之后，他答应我了，但是再没有回应。只能第二次我再亲自找他，问他上次的事情怎么样了，然后他才会回答我。我很犹豫要不要辞退他，他的个人能力真的没有问题，但是和他沟通成本太大。"我说："你也许该跟他好好谈谈这一点，要不把他送到我的学习班来，不过有一点你错了。他的个人能力不是没有问题的——沟通能力也是个人能力中的一大部分，如果一个人沟通能力成问题，那么他影响的不仅是自己，还有他的同事和整个团队。”

很多新员工都有不知道反馈的毛病，这时领导者一定不能放任自流，而是要不断地强调反馈的重要性。有了反馈机制，还要提高员工自觉反馈的意识。我在下发任务时，一般都要求员工在某个时间给我一个回复，即使是发送一条短信，也会要求“收到请回复”。在潜移默化中要求团队对每个任务都要定时反馈。

另外一种反馈则是在员工向领导提出想法或汇报工作时，给予回复。员工不好意思要求领导一定要给自己反馈，但是领导一定要主动回复。收到工作邮件，应及时回复“收到”，如果一时不会处理，也要及时反馈给员工，告知其决定。员工提出建议时，更要及时地肯定员工的做法，对建议进行分析，回复其可行性。如果管理者能对员工的每一次主动沟通都能给予良好的回馈的话，部门内的沟通就会高效，员工也会主动为管理者分担责任。

使用积极的语言和方式

要想沟通无障碍，使用积极的语言和方式更容易成功。

如果你是一个管理者，你会发现经常需要把员工弄出他们的“舒适地带”，比如在他们的工作效率不尽如人意而你认为尚有改进空间的时候，你就需要让他们了解到这一点。

所有领导者的日常工作之一就是把员工赶出他们的舒适区，但是这种工作却是需要方式方法的，消极的方式通常是这样的：

直接地挑剔他们的工作，嘲笑他们的工作方式，然后强硬地求他们改善。这种挑剔、嘲笑、威胁、强迫的方式无疑是一种破坏力，它只能达到短期效果，还会带来长远的麻烦，因为恐惧本身就是在抑制向上力量的产生。

把嘲笑换成鼓励，把威胁换成激励，把强迫换成询问，你仍然能达到你要的效果，并且结果是建设性的。

我建议人们在沟通中使用积极的语言和方式，多使用建设性的语言，多发现他人的优点，而不是揪着别人的缺点不放。多说好话，并不是虚伪。这是给你和别人进一步沟通打基础。如果你经常夸赞别人“你今天真有精神”“今天的策划案做得不错”“我觉得某某在他的专业方面很有能力”，那么人们就会认为他们留给你的是好印象，喜欢和你接近。

想象一下，如果你的工作出了一点儿问题，你的同事需要和你一起来解决这个问题，他帮助你做了很多工作，跟你一起加班到深夜，下班的时候脸上全是倦容，在离开团队的时候你们分手道别，这时你有两种选择。

你可以对他说：“你今天辛苦了。幸好有你，不然问题肯定没办法解决得这么快，赶紧回去休息吧。”

你也可以说：“你脸色好差，赶紧回去休息吧。”

同样一件事，这两种说话方式都表达了“你希望同事赶紧回去休息”的意思，都表达了你对同事的关心，但是同事听到后一句话，感受不到任何舒服的地方，听到前面的夸赞，却能收到良好的正反馈。这就是语言表达方式不同带来的不同效果。

当积极的沟通贯彻到团队的每个成员之中，从基层到高层的所有员工身上，在团队内部有着良好、开放、双向的沟通环境，每次沟通都能有明确的目的和结果，每次沟通也体现了充分的尊重和专注，那么，团队就会具备强有力的执行力。

这样的沟通，就是无往不利的力量。

8. 有远大愿景，为了每一天都奋斗

为什么公司能够上下一心、发展壮大？为什么好团队的凝聚力巨大、员工干劲十足？那些充满凝聚力的公司都明白一个道理：远大愿景就是公司存在的目的，在市场中立足的根本，如果没有远大愿景的存在，再大的公司本质上也只是一个小作坊、个体户，而称不上一个成熟的组织。

我曾做过一个调查，问员工最需要自己的管理者做什么，结果 80% 的员工都希望团队管理者能够确定团队发展的目标或方向；而问团队管理者最需要员工做什么，结果几乎 85% 的管理者都期望自己的成员能够朝着同一目标前进。

一个好团队应该拥有清晰、明确的发展愿景，团队员工都具有强大的行动力和目标性，团队的发展也是有序、有目的的。

史蒂夫·乔布斯是改变世界的天才，他凭敏锐的触觉和过人的智慧，勇于变革，不断创新，引领全球资讯科技和电子产品的潮流。他给苹果团队制订了一个伟大的团队愿景——创造改变世界的产品。这个清晰、明确的愿景为他赢得了优秀的团队，为他赢得了天下。

1983 年，乔布斯为了让当时的百事可乐总裁约翰·斯卡利加入苹果，说出了那段著名的话，这极具煽动性的语言至今仍被人津津乐道——“你是想卖一辈子糖水，还是跟着我们改变世界？”

约翰·斯卡利是一位顶尖的人才，他在 31 岁的时候已经成为百事可乐最年轻的高管、市场营销副总裁，34 岁就成为了《商业周刊》的封面人物，38 岁被提名为百事可乐的掌门人候选人。

有许多公司都想挖走他，这其中包括乔布斯的苹果公司。但是，在人们看

来，斯卡利是不可能离开百事的：在斯卡利获得百事掌门人候选人提名的时候，人们就认为斯卡利的未来已经注定与百事绑定。斯卡利也这么认为，于是他拒绝了乔布斯抛来的橄榄枝，但是当乔布斯远道而来，邀请与他共进晚餐时，斯卡利还是礼貌地赴约了。

在晚餐上，乔布斯源源不断地向斯卡利阐述自己的希望、目标和苹果公司的发展。在他充满激情地演说之后，他询问斯卡利的意见。

斯卡利回答说："我了解了苹果的工作之后，这确实让我感到兴奋……但是，史蒂夫，我很愿意给你做顾问，我愿意尽我最大的努力给苹果提供帮助。因为这么多年以来，你是我遇到过的最棒的人。但是我还是得给你说，我不想去苹果公司，薪水再高也不行。"

听到斯卡利真心诚意的拒绝，乔布斯陷入了沉思。之后他抬起头，认真地说："你是想卖一辈子糖水，还是跟着我们改变世界？"

是卖糖水，还是改变世界？这远大而迷人的愿景像毒药一样流进了斯卡利的血液，他全身都沸腾起来。

几天之后，斯卡利终于忍受不住内心的煎熬加盟了苹果，他的改变跌破了许多人的眼镜。但是，对于斯卡利来说这却势在必行，他说："如果我没有接受去苹果的请求，我可能会永远陷入深深的自我怀疑中，每时每刻都思考自己是否真的失去了改变世界的机会。"

事实上，说服斯卡利的不是乔布斯，而是苹果公司迷人而远大的愿景。

苹果公司的远大愿景像极了"苹果"在《圣经》中的意象：它既是智慧的象征，也是欲望的根源，它吸引人类做出不理智的行为，也使人类开发出了自己的智慧，拥有自己的意志力。

远大的愿景，对于团队来说是一种类似于梦想的力量，它引导人们积极向上，引导人们为了自己的工作而奋斗，引导人们去追求它的存在。

"现代管理之父"彼得·德鲁克曾经说过，企业不是由它的条例、章程、名字来定义的，企业只有具备了明确的使命远景才可能制订明确而现实的战略目标。企业的愿景，应该有以下几方面的作用：

第一，远大愿景是判断善恶的标准。企业中常常可以看到意见不一致的争吵，争吵就是价值观不统一，是不同价值观的冲撞。企业的愿景要解决所有企业员工对这些问题的共识，根据我们的愿景就可以判断这是好事还是坏事，是该做还是不该做。

第二，远大愿景吸引了有相同目的的群体，让他们对共同的事业和目标进行认同。

第三，远大愿景可以形成一种共同的境界，有助于建立企业中的核心价值观。大家站得高了，看得远了，有目标了，不迷茫了。核心价值观的作用是巨大的，尤其是在企业外部环境价值观扭曲或者价值观混乱，对员工冲击更大时，核心价值观的作用就更为关键。

每一天都努力奋斗

远大愿景很重要，但它不是万能护身符。许许多多愿景远大的团队都被淹没在滚滚前行的商海汪洋中。这些团队在市场竞争中迅速地崛起，带着惊人的梦想和热情投入市场汪洋中，愿景的宏伟、梦想的远大令人赞叹不已，但它的峭然惨败也令人唏嘘。

只有愿景，为什么不能成功?

有了愿景，怎样才能生存?

梦想很美丽，但怎样让梦想开出绚丽的花朵?

奋斗，每天不遗余力地奋斗。

如果没有具体的计划和脚踏实地地奋斗，再好的梦想也是空中楼阁。只有以愿景为指南，每天可以不遗余力地为之奋斗，将愿景所带来的无限引力融入每天踏实的工作和奋进中，才能形成积极奋斗的团队文化，团队才能真正地高速运转起来。

乔布斯的确是一位很有远见的管理者。在麦金塔电脑的研究进入白热化时期时，他深知每天踏实奋斗的重要性。为了把士气鼓舞到最高，1992 年，乔布斯率领麦金塔电脑小组到离苹果总部 100 多英里的沙丘城去举行精修大会。有 100 多个平均年龄为 28 岁的核心骨干参与了这次大会。乔布斯为这一团队进行了清晰的行动定位："爱你的工作，让我们一周奋斗 90 个小时吧！"乔布斯在黑板上写下："做海盗比做正规海军棒多了。让我们一起做海盗吧！"这充满热情的鼓舞使苹果的员工获得了极大的力量。大家都愿意把更多的个人时间投入到研发之中。乔布斯的员工们几乎在全封闭的环境下疯狂地工作着，他们的效率是任何一家电脑公司都望尘莫及的，他们的成果也是史无前例的：仅仅两年时间，麦金塔电脑就问世了。

一个好的团队首先要有远大的愿景。远大的愿景是一座值得所有人攀登的高峰。但是，只有远大的愿景是不够的，还需要有着每天为之奋斗的毅力和精神。这两种力量加起来，将是公司前进最稳定的保障。

第二章
带出一支充满凝聚力的队伍

在优秀的公司中，每个领导都具备相当的“领袖气质”，素质完备，“受挫型领导”基本是不存在的。这种领袖气质转化成鼓励、开放、认可、公平、诚恳等团队气质，使团队的力量都集中到一起，涌动着积极向上的生命力。

1. 能激励他人的领导才是合格领导

在我多年的管理工作中，我发现管理者大致有六种类型，即魅力型、独裁型、官僚型、民主型、教练型、自由主义型。简单来说，这六种类型又可以并为两种，即“鼓励型”和“受挫型”。

“鼓励型”和“受挫型”的区别在于他们如何接触、管理、评价自己周围的人，用什么样的态度对待自己的下属。

首先，我们来分析一下鼓励型领导者。鼓励型领导致力于促进员工的成长和发展，努力打造一支高绩效团队。对于团队和员工而言，他们既是团队中的领袖，又担任着每一位员工的教练。他们始终心系团队（而不是自身的光环），他们对整个团队的愿景和使命充满热情，对组织战略也有明确的规划和策略选择。这样的领导被称为“鼓励型”领导，是因为他们在团队中始终扮演着建设者的角色，致力于带领整个团队走向成功的彼岸。

与鼓励型领导相对的是受挫型领导。受挫型领导关注的主要是个人的愿景和目标，他们可能会比别人更早地实现自己的目标。受挫型领导也会关注整个公司和团队的蓝图（愿景、使命、价值、战略），但对他们来说，更重要的是下一步自己应该怎么做。受挫型领导秉持的态度是：一个人想得到什么，就应该自己去解决。

当然，受挫型领导也希望团队能够获得成功，但是他们坚信“好不好，靠你自己”。当他的团队内部有人出了问题时，他只会冷眼旁观，甚至嘲讽几句，然后等对方自己解决。

能否建设出一个好的团队，很大程度上取决于领导人自身的气质。“鼓励型”领导是典型的建设性力量，他往往能成功打造并带动一支高效能的优秀团队，激励团队成员向着共同的目标迈进。相对来说，“受挫型”领导却很少能做到这一点。

在许多公司，最高领导层似乎并没有意识到这一点，因此导致60%的管理人员都是受挫型管理者。当受挫型管理者成为了公司的消极因素集合体时，整个组织和团队就会到处充斥着牢骚、急躁、愤怒等消极情绪，直接影响到公司的稳定发展和高效运营。

受挫型领导的破坏性力量

当受挫型领导管理一个团队时，团队的积极性往往会大大降低。

王主任就职于一家电器生产厂家，主要负责生产方面的工作。在他的职位上，他一直采取着一种十分不招人待见的管理风格——简单、粗暴、威胁。在生产车间，王主任经常对着下属和员工大声斥责。为了让员工都能达到他的要求，他把每个员工都逼到了死角。王主任坚持认为他的下属们“跑得太慢”，只有不断“鞭打他们”，才能使他们实现理想的工作目标。

刚上任的那段时间，他的这种管理风格的确取得了一定的成效，整个团队的工作效率都提高了。然而，值得注意的是，这种效率是建立在员工内心的恐惧和愤怒之上的，没有人可以长久地被压迫。这种前进的动力是内心的破坏力，而不是向上的力量。

王主任就像一个完全不懂得雕刻技巧的木匠，他以为对待没有形状的木头就要不断地对它施工，继续把木块刨下去。最后，碎末越来越多，而木块也越来越小。他始终认为，只要自己逼迫得当，就能提高员工的工作效率，自己也能获得进一步的升迁。

尽管在短时期内王主任获得了领导的嘉奖，但他的负面形象却遭到下属和员工们的一致厌恶和唾弃。员工们虽然无法改变这一现状，但却采取了消极怠工的方式来表达自己的不满和抗争，许多员工出于逃避心理而不停地请假，几位元老级员工也相继离职，整个团队怨声载道，陷入了低效的怪圈，公司的产品也频频出现质量问题。最终，王主任被公司解雇……

鼓励型领导的建设性力量

赵志强在另一家公司担任生产部门的经理，他所采取的管理手段与王主任截然不同。他不会采取逼迫、威胁的手段来要求员工提高效率，而是鼓励员工自发地发挥工作潜能，提升自己的业绩。

在工作过程中，他会经常征求员工的意见，帮助员工改善他们的工作方法，并对他们的工作成果予以充分的赞赏和肯定。他在保证业绩的同时，平衡每个员工的个人愿景与发展，使团队更具有凝聚力。为了帮助员工尽快实现他们的个人发展目标，他对员工进行了跨部门、跨职能的交叉培训，以丰富他们的工作经验，提升他们的工作技能。

当员工在工作中出现问题时，他会对员工的工作失误予及时以纠正和指导，因而受到了员工们的尊重和欢迎。他能够充分调动起员工的积极性和敬业度，使整个团队充满了生机和活力。

显然，就对员工的管理手段来看，王主任是一个受挫型领导，而赵志强则是典型的鼓励型领导，他是一个团队建设者。王主任认为，他只有通过不断地“鞭笞”下属，才能达到最终的目的，然而这却使他的团队充满了破坏性力量；而赵志强知道，通过赞扬、培训、指导，能够使团队充满建设性力量，也更容易带领团队实现目标。他坚信，当员工对自己的团队和公司产生了一种归属感时，他们能够在心中迸发向上的力量，而这种力量恰恰是提高团队效能、实现团队目标的核心动力。

如何建立积极的管理环境

挥去受挫型领导的乌云

在讨论管理者对团队的影响时，我还是想以“花园”为例。整个团队就像《植物大战僵尸》中的花园，你需要土地、种子；每个团队成员都拥有属于他自己的那一小块儿地，他们自身也是种子，整个花园的丰收就是团队的目标。而管理者的职责就是把团队成员分配到适合他们的地方，并监督和指导他们的工作。

管理者还承担着分配阳光和雨露（关注、管理、指导）的任务。同时，管理者的行为方式还决定了花园上空的天气如何。

如果管理者致力于提高整个团队的能力，对员工予以鼓励、尊重和肯定，那么整个团队都笼罩在和风细雨之中，员工甘愿去耕作和发芽（这两点并不矛盾）。在和煦的环境下，潜力才有可能被激发出来。

管理者掌控着整个工作环境的“天气”。如果管理者无视团队成员的情绪和态度，不断地挑剔他们，指责他们这里做得不好，那里做得不对，甚至以威胁和逼迫的方式来促使员工提高工作效率，这就好比在团队上空压了一层沉重的乌云。像前面提到的王主任，他从未对员工表示过任何鼓励和尊重，相反地，他给员工带来的是压迫感和恐惧感。他就像暴风雨来临前的乌云，使员工每天都带着沉重的心情开展工作，从而逐渐地浇灭了他们的工作热情。

如果管理者充满消极情绪，团队也会被消极的力量侵蚀。建立积极的管理环境，最关键的就是改变管理者，使之从思想上认识到自己的管理不足，从而改变与下属相处的方式。

重新认识积极的管理方法

对于受挫型领导者来说，他们通常意识不到自己的管理缺陷。他们坚定地认为，自己所做的一切都是为了提升团队绩效，促使团队尽快实现目标，因而在这种情况下，一切不合理的管理行为在他们看来都是合理的。然而遗憾的是，他们这种错误的观念和行为只会让他们在管理实践中收到适得其反的负面效果，对团队的战斗力、协作力和凝聚力造成极大的损害。

在我的培训生涯中，我发现，几乎所有主管人员都把自己评价为鼓励型领导，这并不令我感到惊讶。然而，一个有趣的现象是，这些中层主管人员通常会把他们的上司归类为受挫型领导。事实上，这种现象在许多组织中都是非常普遍的。

因此，无论是公司的高层领导者，还是中层或基层的管理人员，都应该对自己进行客观有效的自我评估。通过了解下属和员工的期望来认识到自己在管理中的不足和缺陷，实现由受挫型领导者向鼓励型领导者的转变。

下面我们来做一个管理者类型的测试，评估你是属于鼓励型领导者，还是受挫型领导者：

1. 你是否能够在工作中对员工予以无私的帮助和指导？

2. 你是否经常与员工一起交流和分享自己的经验、信息和资源？

3. 你是否会鼓励和帮助员工全身心地投入到团队工作中？

4. 当员工在向你表达他自己的观点时，你是否会专注于倾听他的讲话？

5. 当问题出现时，你是否会身先士卒承担责任，并带领员工一起解决问题？

6. 当你的团队实现一个重大目标时，你是否愿意与团队成员一起分享工作成果？

7. 你是否会牺牲自己的时间，对员工进行技能上的培训和指导，确保他们能更加富有成效地完成任务？

8. 你是否经常对员工的工作成果表示尊重和认可，是否有效地激励员工，帮助他们树立起对工作的自信心？

而如果你的答案大多数是“不是”，那么很遗憾，这说明你是一位典型的受挫型领导。如果你尚未意识到自己的管理缺陷，或者意识到了而不寻求改变，那么负能量就会逐渐腐蚀你的团队。因此，对于上级管理者来说，如果你发现下级管理者具备这样的消极力量时，你应该立即提醒他改正管理工作中存在的不足和缺陷，或者重新配置管理资源。

事实上，在我的经验中，有很多受挫型领导确实没有意识到自己的问题；但当他们意识到这些以后，他们都真心地愿意成为鼓励型领导，也真心地希望能够给团队带来积极力量，为团队和组织做出更多的贡献。这就要求上级主管多关注此类情况，为受挫型领导提供必要的培训和引导，必要时转换岗位。

在一个充满积极力量的团队中，需要每一位团队成员都释放自己的潜能。如果受挫型领导者无意于改变自己的管理缺陷，或者被迫表现出改变的姿态，那么他也许能够在团队管理中获得短暂或局部的成功，但那层薄薄的伪装终归会脱落，他始终都不可能打造出一支成功的团队。这些是我们每一位管理者都必须要引起重视的问题。

理解并建立信任

根据我多年的管理经验，一个受挫型领导要想建立良好的管理环境，最关键的就是给予员工理解和倾听，建立起员工对他的信任。很多受挫型领导之所以会让员工有受挫感，根本原因是他们不愿意去了解员工的感受，当员工有己见时，他要么不予理睬，要么就对员工大加斥责。一旦员工有了抱怨，他便认为员工的责任心不够，对工作不负责任，抗压能力差。总之，他们不从自身寻找解决的办法。

大多数的受挫型领导认为，作为团队管理者，他不可能做到让每一名员工都喜欢他。既然如此，那么就不必太在乎员工的感受。所以当员工向受挫型领导抱怨的时候，受挫型领导要么不予理睬，要么就对员工大加斥责。在他们看来，抱怨是员工对工作不负责任的表现。显然，这种认识是肤浅而片面的。

我做管理工作这么多年，重要的体会就是：耐心、认真、努力地去倾听每个员工的心声。很多时候，如果你换个思维方式，你就会发现获得员工的信任其实并不难：只要你愿意站在员工的角度和立场去思考问题，并努力让员工明白你的管理准则和做事方式，他们对你的抵触情绪也就会逐渐消失。当员工向你抱怨的时候，你要做的不是斥责或不予理睬，而是耐心倾听他们为什么抱怨，并将自己的决策和想法认真解释给他们，让他们明白这一切是公平合理的，而不是直接把他们的抱怨打回去。这样一来，员工的困惑得到了解答，抱怨得到了回应和疏导，那么他们内心的负能量也就得到了发泄和释放。

有时候你需要不断重复你的原则和准则。根据管理心理学研究表明：如果员工们认为管理者在决策过程中能够做到足够公平，即使他们对最终的结果不满意（比如你要把他们排到他们不愿意的轮值班上），他们也不会产生太多的消极情绪和反应。

就我个人而言，当下属们了解我的行为准则、了解全部的事实以后，他们会感觉到我的处理方式是公平的。而我相信，当你取得了员工的信任后，他们也会给予你应得的尊重。哥伦比亚大学商学院乔尔·布罗克纳教授曾对此进行了系统的研究，最终得出的结论是：员工是否认同管理者的决策，是否意识到决策的公平性，主要取决于以下两个方面的因素：

1. 员工感受到：他们内心的想法和意见传递出去了，并且得到管理者的关注和考虑。受挫型领导者之所以得不到员工的拥护和欢迎，原因就在于他们在面对员工的抱怨时，只是一味地敷衍塞责，而从不真诚地倾听他们的心声。

2. 员工感觉到：决策是根据工作原则而产生的，而不是根据管理者的个人偏见而产生的。在决策的过程中，管理者的决策行为是公平而透明的。当员工对管理者的决策表示信服的时候，与管理者的信任度也就随之建立起来了。

如果员工了解了你的做事方式，你的一切管理行为始终是以公正透明的组织原则为导向的，言行一致，并且你愿意倾听他们的意见，那么你就能够与员工建立起信任，得到他们的认同和支持。你的管理过程是透明的，管理风格是阳光的，你就是位广受欢迎的领导者！

发挥积极语言的力量

要想激励员工，提升他们的积极性和主动性，有时候只需一个小小举动就能做到。当你在生产车间巡视，发现大家都愁眉苦脸、昏昏欲睡，你应该怎样燃起他们的热情呢？

是直接粗暴地说："都别打瞌睡！谁打瞌睡，这个月的奖金就没了。"还是给员工以积极向上的鼓励："大家都精神下，把咱们的效率提高起来，把这个大订单保质保量搞定，争取这个月能够拿个高奖金。"

前者是威胁，而后者是鼓励。只是改变说话的方式，就能发挥出完全不同的能量。而车间主任赵志强发现他的下属员工都在打瞌睡时，他是这样做的：

他走到车间中央，拍了拍手，说："大家停一下。我问大家一个问题，如果让大家给自己现在的工作能量打分，你们都打多少分？"

大家纷纷精神起来，有的给自己打两三分，还有打四五分、六七分的。直到一个员工搞笑地说："你没叫我们之前，我们也就三分能量。但是听你一说话，我们马上有八分能量了！"

这个员工这么一说，大家都笑起来了。笑声正是解压的最好方式，是一种消除负面情绪的最佳途径。

人人都渴望得到他人的赞赏和尊重，即使是你平时最不在意的人，当你以正面的语言去鼓励他、相信他、安慰他的时候，你就会发现，这将会对他产生怎样的力量！

温暖比寒冷更有力量。有个寓言故事里说，风和太阳要打赌，看看谁能把行人身上的大衣脱掉，来比一比谁的威力更大一些。风先来，它使出了很大的劲对着行人猛吹，天地间立刻变得寒风刺骨。结果由于太寒冷，行人把大衣裹得紧紧的，怎么也吹不掉。轮到太阳了，只见它发出光芒，顿时天地间风和日丽，温暖如春。行人走在路上，感觉到暖意洋洋，于是脱掉了大衣。太阳利用自己的温暖获得了胜利。

对员工也一样，温暖、积极的话语比冷嘲热讽更有效果。如果你在管理中能多给员工一些正面的暗示与鼓励，让员工感受到你对他的欣赏和尊重，那么他的工作状态会大有转变。

2. 消除懈怠，能力是建立在心态和沟通上的

在上一章中，我们已经提到了懈怠型员工的特点，这些员工做起工作来拖拖拉拉，得过且过，没有坚持到底的信念。可想而知，当一个公司里有 60% 的懈怠型员工时，这个公司的工作效率会有多么低下。

小李是一家私营企业的会计，他与财务主管之间有着不少矛盾。财务主管要求他每周五上午 10:30 准时把本周账目以及下周预算支出做好固定格式的报表，并上交到主管手中。但是每个周五小李都无法准时完成，总是到下午两三点钟才交报表。

财务主管为此批评过小李，专门对小李提出了具体要求，也帮助小李整理了工作的流程和思路，但小李依然如故。小李振振有词："我的职责确实是保证账目准确无误，也确实应该准时上报。但是，我有实际困难啊！你看看，有的部门周四下午才把他们的预算发给我，我只有短短一下午的时间来整理账目，做不完啊！再说了，我知道财务部门是周五下午报总账，我只要赶在报总账之前，给您报表不就行了吗？"

从表面上看，小李好像很有道理。工作上的拖延并不是他的责任，而且似乎并没有影响工作，但实际并非如此。财务主管那里要汇总全部账目，并且要核对后才能出总账，所以需要留有一定的时间。

在很多公司里，员工这种不能按质按量完成任务还理直气壮的行为就是消极懈怠。这些不能按要求完成工作的员工大多满腹怨言，并产生许多自我保护式的借口：

——晚一点儿也没关系嘛，何必要求那么高呢？

——对工作我真是已经尽力了，我不过是个普通人，总不能用机器人的工作标准来要求我吧？

——能不能按时完成也不是我能控制的啊。别的同事不配合，我有什么办法？

…………

这种懈怠会引发很多上级对下属的不满意，在公司里出现争吵。对于小李这样懈怠型员工，一定要和他深入沟通，否则无法触及问题的本质。

懈怠本身不易被人们重视和察觉，但是却实实在在地给个人和企业带来损失。对自己要求不高，对客户的需求不尊重，对领导的意见不认可，对他人的事情不上心，这就是懈怠型员工的表现。

懈怠如同毒品，沾染这种消极力量的员工意志会瓦解，行动会散慢，工作热情会消退。他们常常处于心不在焉的状态，几乎完全丧失了工作激情，缺乏行动力，自我约束力不够。我通常认为懈怠的原因就是“不够专业”。

消除懈怠，能力 = 心态 ×（沟通 + 知识）

对于小李来说，完全可以通过几个办法来解决不能准时交报表的问题。

首先，针对提供预算的部门，小李完全可以制订工作计划，定时向那几个部门催要预算。虽然是平等部门，但都是为了工作，相信其他部门也会及时配合。万一过了计划时间仍未拿到预算，小李就可以主动向上级汇报，提请主管进行协调，以免耽误工作。

其次，小李可以针对自己的工作整理出更有效率的流程。按照惯例，每周报表的格式一旦固定下来，完全可以采用办公软件帮忙，只要录入相应的数据，很多报表是自动生成的，不需要人工再计算。小李可以采用合适的工作方法，以减少自己的工作时间，争取在周四下班前就可以完成报表。

最后，如果实在是因为特殊原因而无法按时提交报表，那么小李在周四时就

应该及时做出补救措施，比如说晚上加班完成，或者周五早上提前上班来完成这个工作。作为一个“专业”的、有责任心的员工，按时完成自己的工作也是基本的职业素养。

可见，工作并不像小李所说的：“我能有什么办法？”事在人为，只要通过沟通和深入分析，还是有解决问题的办法的。

对于经常两手一摊，说“我能有什么办法？”的员工，究其原因，就是缺少工作能力。有的员工在刚参加工作时“初生牛犊不怕虎”，什么事情都要去试试。但是经过一段时间的工作后，他们感觉自己并非想象的那么无所不能，而是处处遇到困难。由于自身能力不足，什么事自己都无法解决，时间长了，就养成了懈怠的习惯。

针对懈怠型员工，正确的做法是帮助他提高工作能力，慢慢地从工作中找到自信。

工作能力是什么？不是经验，也不是学历，简单说来，工作能力就是一个人的知识、技能及行为是否能够配合其工作，是否能担任一个职位。我认为，有三个因素可以代表一个人的能力高低：心态、沟通和知识。这三者与能力的关系是：

能力 = 心态 ×（沟通 + 知识）

首先，沟通和知识是互相弥补的，如果一个人善于沟通，那么他会从沟通中获得适合这个岗位的所有知识；反之，在团队中，知识越强的人越需要与别人沟通。

其次，心态与其他两个要素之间的关系是相乘的，这就表示，如果任何一项为零，能力等式的总数都会是零。这里可以看出，心态是第一位的。如果一个人的能力和知识都不错，但是心态不好，没有积极主动的工作态度，那对于公司来说等于没有工作能力。比如说，一位经验丰富的员工来到新公司后，总觉得新公司不如老公司好，待遇低、福利差、任务重，于是整天后悔不应该跳槽，正常范围内的工作也是推一推动一动，不推则不动，后来新公司老总只好请他离职了。“心态不正，一事无成”。

根据这个能力公式，如果你想消除员工身上的懈怠因子，释放他内在的能力，那么你就应该从这几个方面下手。而首先要重视并且做出调整的就是心态。

指导下属转换心态

很多人会说："员工心态不好，是个人的事情，连这个都做不好，怎么做好工作啊？这不是我该关心的事情。他懈怠，不出成绩，我就炒他鱿鱼。"这种认识是不对的。要知道，作为一个管理者，你不仅仅是员工的"监工"，更是他的"教练"和"导师"，你要及时体察下属的心态变化，及时与其沟通，帮助其建立适合岗位需求的心态。

帮助员工建立适合工作岗位的心态，把岗位需求转换成他的工作目标

有的员工刚开始工作时心态还不错，随着工作经验的增加，心态发生了变化。有时会出现："××比我迟来，为什么收入比我高？我这么辛苦干什么？""烦死了，天天都是这一摊子事！""我已经做得够好了，新来的主管怎么老是挑剔我？"……

有些员工在企业中调动岗位的时候，往往只关注了对于该岗位自己的能力是否胜任，而不关注自己的心态是否能胜任。如果他不能建立与工作相匹配的心态，那么在工作中就不会激发自己的积极情绪，对人与事的评判也容易出现偏差，导致自我怀疑和自我否定，不仅不能发挥自己的正常能力，而且还不能实现"在其位，谋其政"，不能在所在岗位上为公司创造应该创造的价值，结果导致自我价值贬值，而团队内耗也严重加重。

心态要立足于工作现实，在哪个岗位上就要有与哪个岗位相匹配的心态，不能"一种心态走天下"。

被足球界誉为"军师"的李树斌曾先后担任国足中方教练组组长、国足助理教练，辽足、长春亚泰、重庆力帆和深圳凤凰主帅，他曾挥舞教鞭率领阵容不整的广州富力克服重重困难成功夺冠，也曾大度让出教鞭，心甘情愿辅佐新帅法里

亚斯，助球队逼近亚冠席位。他能做好主帅，也能做好辅佐，用他自己的话说“不同角色决定不同心态”，便是成功的秘诀。

赵薇导演的《致青春》赢得满堂彩，这是赵薇的处女作。当杨澜采访赵薇，问及做导演与做演员有什么不同感受时，赵薇回答道：“心态不同。身为导演，我需要考虑方方面面，事无巨细，而且从来都是最早到，最晚走；而做演员，只需要演好自己的角色，管好自己就够了。”

“不同角色不同心态”“身份不同，任务不同”，不同的岗位决定了不同的角色，也决定了不同的行为和心态。要想让员工建立与工作岗位相适应的心态，就要指导员工了解自己处在什么样的位置，找准自己的角色定位，进而扮演好自己需要扮演的角色。

你比员工更清楚公司对岗位的需求，这一岗位需要什么样的能力、行为、结果，这些你都需要帮助员工一一明确；激励员工建立工作目标，并将岗位需求转换为他自己的工作目标，才能激发他的行动力。

如果员工树立了这种“外事内化”的心态，就能激发出他的巨大潜能，释放出最大的战斗力。拥有这种心态的员工在工作中会越做越好，职场越走越顺。对他，对你，都是最好的事情。

教员工忘记那些不切实际的幻想

在同一个办公室中，为什么有的员工总是乐观积极，而有的总是垂头丧气？同样是面对工作中的挫折，为什么有的员工可以很快振作，调整自己继续努力，而有的员工却一蹶不振，难以从困境中自拔？

这种现象很常见，但大多数人不了解现象背后的原因：生活，从来不是很简单的事情。工作环境、领导、同事关系、企业文化，不可能事事顺心。在现实中，有一个万事如意的工作是很不现实的。

太多年轻人抱怨职场环境如何不好，事实上，职场环境的好坏取决于我们的心态是否正确。理想中的职场环境可能意味着企业制度良好，领导出色超群，同事和睦友善，客户善解人意——可是，现实会有这么理想吗？

要让员工明白，即使环境不如意，也要有一个健康的心态能面对它。当我们不能改变世界时，我们可以先改变自己！

只有员工努力调整自己的心态，接受不完美的现实工作，才能专注做好自己的事，这是员工积极工作的唯一选择，也是成功者必备的条件。

指导下属主动沟通

缺乏沟通能力的人在现今职场上绝对是不受欢迎的，沟通能力意味着你在工作中消耗的合作成本。沟通能力越强，合作成本越低。而有的人具备很不错的心态，知识面也非常广，但沟通就不是他的强项，结果是他与同事合作的成本特别高，除非是非他不可，否则很多同事都不太愿意与他合作，这就直接影响到他的工作能力。

在这种情况下，作为管理者，要有针对性地去指出下属的缺点，并训练其主动沟通的能力。

大张是个研发人员，他一直信奉："我做好我自己的事就好了，别的我才不管呢！"平时同事和他沟通，他也是爱答不理的，认为我只要把自己的程序编好就行了。测试人员就很不喜欢测试大张的程序。因为在测试过程中，需要对程序的思路、测试要求、测试界限说清楚，否则这么庞大的程序无法做到有的放矢。测试人员经常在大张那里碰壁。程序做好了，大张不会提前交给测试人员，一旦出了点儿差错，大张首先就质疑是不是测试人员搞错了。一来二去，几位测试人员都躲着大张。平时工作时，大张也因为很少与别人交流，所以总是我行我素，进度较慢。

最近有个大项目，其他人员的模块都完成了，大张的任务部分却总也没法儿交差。主管就针对这个项目和大张认真地谈了一次话，指出大张平时不主动与其他同事沟通，造成了项目的脱节。编程也是需要同事配合的，要多换位思考，主动和其他同事沟通下，说不定既减少了他们的工作量，也会使自己少走弯路。主动沟通，对于编程人员来说也是工作能力的一个组成部分。

大张在与研发主管的谈话中，认识到了自己工作上的不足。慢慢地，他开始改变自己的沟通方式，不再拖拉和指责同事。大家也感受到了大张的变化，欣然接受，项目效率也大为提高。

对于管理者来说，指导下属学会沟通，从而提高自己的工作能力，可以有效地消除部门内部的隔阂，提高部门的效率。

3. 正心态、正语言，消除产生抱怨和牢骚的来源

消极情绪和抱怨言辞时常充斥在办公室当中，成为职场破坏性力量的两大“传播源”。消极情绪包括所有影响工作效率的情绪，如不痛快、怨气、难过、焦虑、挫败感、失望、被冷落感等，员工的消极情绪一旦产生，就会释放一些失控的“行动信号”，从而影响他们的工作表现。

抱怨也分为两种情况。第一种是无谓的纯抱怨，这种员工有这个特点，喜欢抱怨，总感觉社会、人生、公司对他不公平，报怨和牢骚主要是为了满足自己的心理平衡。公司里太冷漠，朋友不讲义气，家人不关心自己……对于这种情况，管理者需要帮助他好好反思一下自己的处世态度，只有把态度端正了，才能停止抱怨，拥有快乐和满足。如果实在无法改变，这种员工所散发出的消极情绪往往会影响团队的氛围，只有请他离开。

第二种则是基于事实的抱怨。员工确实在团队中感觉到了不满意，所以发出抱怨和牢骚。这种抱怨和牢骚是带有希望改变的期许。

我在给公司讲课时曾接触过许多员工，通过跟他们的交流我发现，员工产生抱怨、怠工情绪的原因主要有以下四个方面。

（1）不满意薪酬福利。薪酬待遇直接关系到员工的切身利益和生活质量，因此薪酬不可避免地成为员工抱怨的主要内容。举例而言，A 公司员工的工资是 4000 元，而同行业的 B 公司员工是 5000 元，A 公司的员工就会对本公司的薪酬体系产生抱怨和不满，甚至出现消极怠工的情绪。此外，不同岗位、不同学历之间薪酬的差异，薪酬的增涨幅度、加班费、绩效奖金等也都有可能成为员工抱怨的话题。

（2）**不满意工作环境**。员工对所处的工作环境和工作条件感到不满意，由此引发他们抱怨、怠工的情绪。这其中涉及工作的各个方面，比如，任务繁重、工作压力大、办公设备陈旧、办公环境差、地理位置较为偏僻等，这些也都是员工产生负面情绪的导火线。

（3）**人际关系**。同事之间交往密切，难免会出现一些不同的观点和意见，于是这些分歧就容易使同事之间的人际关系变得格外紧张和敏感，对于持有不同意见的同事产生抱怨就不足为奇了。

（4）**部门关系**。引发部门之间相互抱怨的原因主要有两个因素：一是部门之间存在利益冲突；二是部门之间相关度不高，关系冷漠，缺乏真正的交流和沟通。

海伦是一家大型餐饮连锁企业分店的店长。数月之前，公司总部把一名经验丰富的老员工调到了她所在的分店。据说这名老员工平时总是牢骚满腹，对领导和同事时常发出抱怨和指责，影响到了其他员工的工作情绪。因此，总部想让他换个工作环境，于是就把他调到了海伦的店里来。

海伦心想，可能是由于原店长没有处理好上下级关系，所以他才经常抱怨，因此接到总部的通知后，海伦很爽快地就接收了他。但是两个月后，海伦发现，这名老员工依旧喜欢抱怨：要么抱怨上司的管理水平太差，要么抱怨员工不够专业、经验缺乏，结果导致整个团队也陷入了沮丧、低沉的情绪当中。海伦了解情况后，主动与他进行沟通，可话还没有说几句，这名老员工就已开始抱怨了，说海伦对他存在偏见，对他不理解……

在一个团队里，如果其中一名成员不停地抱怨、发牢骚，就如同在团队中安装了一颗定时炸弹，随时都有爆炸的危险。无论是怠工情绪，还是抱怨言辞，都有可能引发一系列负面的“蝴蝶效应”：起初可能只是一个人在抱怨，但这种抱怨情绪很快会传染到其他员工身上。因为员工在发牢骚时都希望得到其他员工的认同，所以他会在抱怨的过程中不自觉地夸大事件的范围和严重性，因此在这种煽动和鼓噪的气氛中，就会有越来越多的员工加入到抱怨的行列中。这种负面效应所引发的后果必然是团队凝聚力下降、工作效率低迷、纪律涣散和管理难度增加，给团队和组织造成不同程度的损失。

消除产生抱怨和牢骚的来源

事实上，消极情绪和抱怨言辞在许多公司中都普遍存在。当员工认为自己在公司里未能得到公正的待遇时，他就会对公司和管理者产生抱怨和牢骚，以发泄心中的不快。因此，当员工产生消极的情绪时，也不必太过紧张，对于我们任何人而言，这都是一种正常的心理活动和情绪反应。

但是，作为企业管理者，你必须时刻关注和体察员工的情绪变化，当员工出现抱怨和怠工情绪时，一定要提高警惕，予以足够的重视。

因为我们都知道，无论是积极情绪，还是消极情绪都具有极强的传播性和扩散性。如果员工的负面情绪得不到及时的疏导和缓解，这种破坏性力量和抱怨言辞就会像瘟疫一般蔓延开来，扩散到办公室的每一个角落，导致管理者与员工之间的矛盾激化。

随之而来的就是员工人浮于事、得过且过、政令不通、执行力低下，这就在无形中增加了企业的管理成本，降低了企业的生产效率。当公司内部的怠工情绪和抱怨言辞达到一定程度时，甚至会影响整个管理体系的运行，影响到公司的正常运转。

完善管理机制，做到公正透明

一项调查研究发现：在员工所有的抱怨声中，有 80% 的抱怨是由于管理混乱所致。因此，健全和完善管理机制是消除员工抱怨情绪的关键所在，包括制定公平的薪酬体系、规范的业务流程、明确的岗位职责、完善的规章制度等。

在完善管理机制时，管理者应采取民主、公正、透明的原则。对于公司的各项管理体制和规范，要通过多种途径向所有组织成员公开，做到深入人心，保证管理机制的公正严明。如果管理制度不合理，员工就容易产生不平衡心态，而这恰恰是引发员工抱怨情绪的根源所在。因此，公平、公开的管理机制能够有效地减少抱怨。

麦考林是一家著名的大型直营购物网站，CFO 张磅被评为“2012 中国 CFO 年度人物”，他曾经这样总结过：“制度不公平或者事实不透明时员工抱怨就会很多，所以要尽力做到公平、公开，多为员工着想，这样抱怨自然就减少了。”

有一次，公司采购部的员工来投诉，抱怨说每次报销都会被财务部刁难。而财务部则抱怨说，采购部成天不在单位，每个月还报销那么多。一般说来，公司部门间的一些抱怨多半是因为制度的执行不力或者责权不分明导致的，部门间的抱怨最影响公司的团队气氛，有时甚至会让公司发展滞后。现在两个部门的员工互相抱怨，究竟是谁有理？张磅在调查之后当机立断：如果报销范围在公司的报销制度之内的，财务部就必须给予处理。如果在报销范围以外的，则根据实际情况处理，如果有必要，再补充公司的管理制度。这样的调解有据可查，透明、公平，用制度说话，很快就平息了公司的抱怨。

宜疏不宜堵，了解抱怨的原因，畅通员工发泄抱怨的渠道

当员工产生消极情绪和抱怨言辞时，说明他们内心承受着不同程度的心理压力，牢骚的背后也可能反映出公司管理上存在的疏漏。

因此，管理者首先要做的就是采取积极有效的措施进行疏导，引导他们将内心的负面情绪释放出来，而不是依靠自己手中的权力去压制，否则就会造成员工对管理层长期的积怨和不满。

无论员工抱怨的内容是什么，究其原因，还是员工意见反馈渠道的不畅通所致。对于管理者来说，要想从根本上消除员工的怠工情绪和抱怨言辞，就必须要健全组织沟通渠道，保持员工发泄渠道的畅通，通过公开、透明的手段使员工的

抱怨得到妥善的处理。

所谓“无风不起浪”，员工出现抱怨言辞，一定是有原因可循的。作为管理者，你不仅要清楚地知道员工在抱怨什么，而且还要主动了解其他员工的意见和看法，尤其是因同事之间或部门之间发生纠纷而引发的抱怨，管理者一定要认真听取矛盾双方的意见，并尝试着在两者之间找出平衡点以平息争论，而不能偏袒任何一方。

因此，当管理者发现员工身上流露出消极情绪或抱怨言辞时，应积极主动地寻求化解之法，比如找一个机会单独谈话。在没有完全了解产生抱怨的原因之前，不宜过早地发表任何议论。只有先把事情的来龙去脉搞清楚了，你才能对症下药，否则只会让双方冲突更加激化。

帮助员工摆正心态

（1）工作认知的失调

职场上，绝大多数人的抱怨牢骚源自心理上对付出与回报不对等的权衡。“付出太多，收获太少”的失衡心理使得人们丧失了工作的热情，而且失望于周围一切的人与事。而真正的原因却是：工作认知的失调。

米兰：外贸公司经理秘书，工作一年有余，月薪 3500 元，经常加班。

米兰常常挂在嘴边的话是：我真是太累了，忙得要死了！我每天都要加班，每次加班我都想辞职。特别忙的时候，老板也会给我分配帮手。但即使这样，工作也不一定能完成好。而且，我只不过是一个小秘书，对帮手不能颐指气使，更不能指手画脚。我一个人干好几个人的活儿，而只拿一个人的工资，况且现在这点儿工资能干什么？买件像样的衣服也要几百上千块啊！想到上班就烦。

有人好奇地问：你一个人干好几个人的活儿？真的吗？那你的工作业绩是多少呀？一定很多吧？

米兰疑惑了：工作业绩？我就是一个秘书，谈什么工作业绩呀？我从没想过这事。而且我的工作那么多，能完成就不错了。即使没有什么功劳，也有苦劳呀。

米兰不是特例，这种想法的人在职场中大有人在。大多数对工资不满的人都怀有这种思想：即使我没有功劳，公司也应该对我的苦劳给予奖励，多些薪水吧！但是，凭什么呢？虽然你自我感觉付出了很多，可是你为公司创造的价值在哪儿呢？你为公司所做的贡献有多少呢？难道公司应该用你在工作上花费的时间和精力而考核绩效，而不是通过工作业绩和回报吗？在经济急剧变化的信息时代，竞争如此残酷，任何企业都面临着优胜劣汰的危机，没有任何企业需要只做无用功的员工。

为企业管理者中流传着这样一个定律：好的员工都是免费的。之所以这样说，是因为好的员工为公司创造的价值远远大于他拿到的薪水。你创造的价值多少决定了你的薪水级别。如果你的业绩价值不能与你获得的薪水匹配，说明你不能胜任此岗位，更别指望加薪、升职了；如果你的业绩价值与你获得的薪水相当，只能说明你可以胜任此岗位，但没有资格加薪、升职；而只有当你的业绩价值远超于你获得的薪水时，那你才有资格要求加薪或升职，而此时领导也才会愿意满足你的需求。

如果你创造的价值别人也能创造，而且远远比你做得好，那你又凭什么占据这个职位呢？如果没有过人之处，又如何要求领导对你另眼相看呢？所以，老板不给员工加薪，并不一定就是“抠门儿”，也不一定是故意压榨你的劳动力，更不一定是为企业“节省资本”。在对领导、对薪水抱怨之前，先想想自己的工作产出值吧。

（2）关心和信任员工，赢得他们的尊敬

要想有效地减少和消除员工的怠工情绪和抱怨言辞，管理者就必须要从内心深处关心员工。只有这样，你才能在员工心目中树立良好的管理形象，赢得他们在工作上的支持和拥护。员工绩效的好坏在很大程度上取决于管理者对员工的态度。如果管理者只关注于个人的工作成果和利益，却忽视了团队和员工的利益，

那么他注定要成为一个失败的管理者。

林经理是一家公司新上任的企划部经理。然而任职还不到一个月，该部门的员工就对这位新上司抱怨不已，造成整个办公室深深地陷入一种负能量泥淖中。许多员工都纷纷表示："跟着这样的上司干活儿，简直是一种折磨！"

在员工的印象中，林经理是一个"心思重""没有主心骨儿""喜欢逢迎"的上司。比如，开会的时候，他总是在极力揣摩老板最想听什么。无论老板说什么，他都迎合着老板把话说下去。有一次，老板给他下达了一项新任务，问他有什么困难，林经理想也不想就豪情万丈地说："我保证完成任务。即使有困难，我也一定能克服……"当然，最后还是由他手下的员工来"克服"。

还有一次，老板让他第二天交出一份企划报告，他瞬间就变得神经紧张起来，立刻督促员工马不停蹄地赶工，一直加班到晚上 9 点。工作做到一半，老板只要稍微皱一下眉头，他一句话也不争辩，立马要求重新返工。

最后，整个部门都被林经理搞得民怨沸腾、乌烟瘴气，积聚在员工身上的郁闷情绪终于爆发出来：整个部门出现了集体怠工现象，员工上班迟到，接二连三地请病假，两名骨干员工也负气离职……

在这个案例中我们看到，林经理非常看重老板对自己的看法和评价，他希望自己的能力得到老板的认可。但是，这种"只向上看，不向下看"的做法却损害了部门员工的利益，由此导致的后果是失去了员工的信任和支持，最终受害者还是他自己。

作为企业的管理者，你应该明白一个道理：关心员工等于关心自己。因此，管理者必须树立起"员工利益无小事"的观念，在平时的管理工作中，不要吝啬对员工的赞赏，而且要鼓励员工之间相互欣赏，让员工之间充满关怀和信任，从而给整个团队和组织带来积极的向上力量。

（3）"正面语言"也是生产力

员工在充满信任、鼓励、赞扬等正面因素影响的环境中工作时，他们的内心就能得到更多的愉悦和满足，他们的行动也会表现得更加积极。越来越多的管理者逐渐意识到，在跟员工进行沟通时运用正面语言，往往能够达到意想不到的激励效果。

琳达是公司新来的一位行政部经理。她刚到这个部门，就发现公司里的各种档案资料混淆在一起，档案管理杂乱无章。于是在她的带领下，行政部的全体员工利用下班时间对档案室里的所有文件重新进行了分类整理。周一早上，行政总监来到行政部的档案室视察，一边检查一边说："琳达，你干得不错。重新整理之后，档案分类更加科学，便于工作人员查询。我知道，为了做好这项工作，你们牺牲了双休日的时间。大家辛苦了，替我向你的同事们表示感谢！别忘了给大家记上加班费。"

行政总监视察完毕以后，琳达立刻把部门的同事都召集起来，告诉他们："总监对我们的工作给予了高度认可，说我们的档案整理得很科学。他还特意交代，我们利用下下班时间来整理档案全部算作加班。我也要感谢大家对我工作上的支持！"琳达说完，员工们都鼓掌、欢呼了起来。

美国总统艾森豪威尔曾说"激励是让他人积极主动地为你服务的艺术"，而正面语言正是一种高明的激励手段，它能够触动员工的心灵深处，并激励员工发挥他们的最大潜能。

在日常工作中，无论是管理者还是员工，都不可避免地会遇到诸多困难和挫折，人在困境面前往往容易产生悲观、消极的情绪。

因此，运用正面语言的目的就是要我们在消极力量逐渐增加的时候，重新调整自己的心理平衡点，以积极、正面的心态去克服一切困难，鼓舞员工的士气。比如，当员工在忙碌的工作之余抱怨说"这项任务太繁重了""今天好疲惫啊""工作强度太大了"……那么，这时你就要运用正面语言鼓励员工："大家都努努力，无论如何我们也要完成这项任务。我已经向总经理申请了，任务完成以后我们就出去野营两天。"这样，正面语言就会逐渐渗透到公司文化中，形成一种习惯、一种乐观向上的力量。

（4）深入谈话、潜移默化

对于纯抱怨型员工，因为这种心态与员工的人生经历、人生经验有关，有时很难更改。管理者要注意评估其管理成本，可以采用深入谈话、推荐书籍、潜移默化等方式来进行帮助。

深入谈话。管理者可以根据公司的实际情况，摆事实，讲道理，向员工说明其抱怨行为的不合理性以及带来的不良影响。并向该员工提出要求和希望，鼓励他勇于摆脱“失败者”“抱怨者”的阴影，变消极为积极主动，给团队带来不一样的感觉。

推荐书籍。目前抱怨型员工很多，尤其是很多“85后”甚至“90后”的员工，由于从小家境较好，没吃过什么苦，从小到大总是由父母来为自己遮风挡雨。这样的员工偶尔遇到一点点小事，就会产生畏难心理，开始发牢骚。目前市面上针对这种员工的书籍很多，可以推荐这些员工平时阅读一下相关理论，从而对症下药，让其改掉习惯无病呻吟、抱怨牢骚的毛病。

潜移默化。管理者努力消除公司内的不公平情况，并且在团队内倡导积极向上的态度。使爱抱怨的员工受到团队精神的感染，慢慢地开始改变自己的心态。

如果这种员工在管理者倾注了大量时间和精力后，还是无法改掉自己喜欢抱怨的毛病，那么这会成为他人生道路上的一块很大的绊脚石。他在团队中所起到的作用将远远小于他带来的消极力量，在这种情况下，管理者应当说服该员工离职，使整个团队远离“抱怨”的侵蚀。

4. 唤醒员工的激情，在工作中散发活力

去年我在给一家公司做管理培训时，一名管理者曾对我抱怨道："员工普遍缺乏工作激情和创造力，工作起来单调而机械，在他们身上看不到丝毫生气和活力，整个团队都沉浸在一片死气沉沉的状态中，严重影响了团队的工作效率，客户的不满意也越来越明显……"

其实，员工"僵尸化"已经成为企业管理中普遍存在的一种现象，而这一现象所引发的种种消极力量也常常让管理者感到头疼不已。

毋庸置疑，"僵尸员工"的存在给公司整体带来了巨大的负面影响。他们在工作时通常只做出消极被动的反应。他们基本上不会有创新能力，对于外界变化他们需要花费更长的时间才能做出反应。他们笑得更少，他们眼中没有热情。事实上，相对于已经离职的员工而言，"僵尸员工"给公司造成的危害要大得多。根据美世咨询公司的一项人力资源调查显示，有 21% 的员工在公司里处于"僵尸"状态，而且这些"僵尸员工"对公司的抱怨和不满明显多于那些打算离职的员工。

王峰在一家进出口贸易公司担任销售部经理。他最近悲哀地发现，员工们总是迫不及待地期待着周末的来临，他经常听到员工在私下里抱怨："时间过得可真慢啊，明天要是周末就好了！"每周一的早晨，员工们的脸上都显得没精打采的，甚至很少看到员工脸上露出笑容。

看到自己部门的销售额持续下滑，王经理忧心忡忡。为提升销售人员的自身素质和能力，王经理每个月向员工们推荐一本销售技巧方面的书籍，并且个人出资在部门内部建立了一个小型图书馆，所有的图书都免费供员工们借阅。王经理

以身作则，每个月都要将部门员工召集起来，举办一次读书分享会。他规定员工每读完一本书都要写一篇读书心得体会，优秀的读书心得将被贴到宣传栏与同事们分享，获奖者也会得到一定的物质奖励。此外，他也经常将自己的读书体悟发到销售人员的邮箱里，期望以此调动起员工的积极性。

然而，令他大失所望的是，员工们对此根本提不起任何兴趣，大多数员工都只是在敷衍了事而已，读书笔记也大多是从网上抄录下来的。于是，王经理的这一举措最终也不了了之了。

不仅如此，团队成员在面对新的挑战时总是流露出悲观消极的情绪，干劲儿明显不足。公司推出一个新项目或研发出一种新产品时，在他们的销售部门总是遭到员工们的强烈质疑和不满："这个项目注定是要销售失败的！""这怎么销售啊？""根本没有市场竞争力！"……

团队成员缺乏创意，一味地固守以往经验对市场做出判断和操作，简单机械的工作方式让他们变得更加墨守成规、不求突破。即使业务量在不断下滑，员工也没有提出任何改进的措施，而王经理每次推出的变革措施也都会因员工们无声的抵制而无疾而终。

员工之所以被企业雇用，是因为他们身上具备一些优秀的特质：鲜明的个性、积极的进取心、强烈的求知欲、十足的幽默感，对工作充满激情和活力，富于创造性思维……这些特质不仅能够营造出优秀的企业文化，而且可以有效地提高组织的运营效率，为组织创造更多的价值。然而，当员工的这些特质全部被抹杀，逐渐沦为没有思想的"僵尸"时，公司里就会充斥着大量的消极力量，而这些沉重的负面影响随时会让你的团队陷入危机四伏的境地。

在当今竞争激烈的市场环境下，如果你的员工没有目标、没有追求、没有奋斗，对工作人浮于事，办公室里死气沉沉，如同一潭死水，那么导致的必然后果就是：工作进度缓慢，服务态度冷漠，质量问题频发，员工流失率增加，不思进取、消极怠工……无论哪一个环节出现问题，都有可能给公司带来巨大的损失。

因此，对任何管理者而言，你必须尽自己最大的努力去激活那些"僵尸员工”，彻底改变员工简单机械化的工作方式，重新焕发员工内在的激情和活力，给团队注入强劲的向上动力，否则必然会影响到公司的正常运转和健康发展。

唤醒员工沉睡的动力细胞，在工作中焕发激情

对于公司里“员工僵尸化”的这一负面现象，许多管理者除了感到无可奈何之外，还有一肚子的牢骚。然而作为管理者，当你在抱怨下属和员工的时候，可曾换位思考过？不妨站在员工的角度上细想一下：如果你是一名员工，你甘愿堕落，让自己沦为一具没有思想的“僵尸”吗？你难道不希望在工作中获得成就感吗？你不愿意给公司创造更大的价值，赢得上司的赏识和同事们的尊重吗？你不想在自己的职业生涯中成就一番事业吗？

显然，每一个员工在内心深处都渴望实现自己的价值，渴望自己的工作表现能够得到他人的认可。因此，员工“僵尸化”、工作单调而机械，最主要的问题并不在于员工，而在于管理者——管理者没有激发员工的驱动力，没有唤起他们在内心的动力和激情！

改变第 1 步：克服自身的管理缺陷，做一名合格的管理者

公司里为何会有大量的“僵尸员工”出现？员工为何缺乏斗志和激情？整个团队为何没有一丝生气和活力？其中很大的原因是由于管理者自身的管理风格存在缺陷所致。倘若管理者不能及时有效地弥补这些缺陷，“僵尸员工”的现象就不可能彻底杜绝，公司负能量也难以清除！

（1）打破“一言堂”式的管理风格

能否有效地激活“僵尸员工”，在很大程度上取决于管理者对于员工的态度，即倾向于授权还是控制。一些管理者在管理风格上表现得较为强势，喜欢搞“一言堂”“家长式”的管理，在这种情况下，员工的个性和创造力就会受到极大的

抑制，因而员工逐渐“僵尸化”、工作简单机械化，自然也就不言而喻了。

很多时候，对于不同的工作风格，我们很难评判其中的优劣。比如在做PPT的时候，对于图表、色彩、字体等，这些其实没有绝对的标准，只是个人的偏好不同而已，但管理者若仅仅以自己的偏好作为衡量标准的话，也有可能导致员工丧失工作动力和激情：既然什么事情都是你说了算，那我还折腾什么劲儿呢？

因此，要想激发员工的内在驱动力，让他们在工作中充满激情，管理者就要改变专制的管理风格，学会适当授权给员工。相对而言，与“一言堂”式的管理者相比，善于授权的管理者更容易受到员工们的欢迎，而得到授权的员工在工作中也表现得更加积极主动，更重要的是，他们能够充分保持思维的敏锐性和独特性，这一特质对于团队创新是不可或缺的。

（2）增强自身的指导能力

许多管理者在指导员工时缺乏足够的耐心和意愿。对于一项工作，自己做可能比教别人去做更省事，但就长期的工作来说，显然是非常不利的。一种典型的情况就是：管理者在安排一项任务时，可能一时没有什么想法，希望员工能够在工作中更多地发挥；而当员工做出来以后，管理者又忽然产生了自己的想法，于是又要求员工按照自己的意志重新修正。

如此一来，员工立刻就会产生一种“上当受骗”的感觉，他们工作的积极性和主动性也必然会大大降低。有了这一次“教训”，员工在以后的工作中就必然会放弃主动思考的机会。因此，作为管理者，你应该尽可能地挖掘员工的潜能，给予他们更多的指导和支持。当然，工作指导不仅仅在开展工作之前，而是要在整个流程中肩负起指导的责任，但指导的方法必须是建设性的，而不是破坏性的，更不是彻底否定员工的辛苦付出。

（3）克服争功诿过的不良心态

有一些管理者，他们不愿意看到员工的光芒胜过自己，这就是我们常说的“武大郎心态”。然而，一种更严重的情况则是管理者忽视员工的劳动成果，甚至在向上级汇报工作时，将员工取得的成绩和劳动成果据为已有。这种行为方式显然会大大挫伤员工的工作激情，逐渐导致他们在工作中变得懒散，得过且过。当然，员工所取得的一切工作成就都离不开管理者的指导和支持，但涉及具体的工作成果还是有主次之别的，所以管理者不应该将一切功劳都揽到自己身上，一定要克服争功之心。

与“争功”相对的，“诿过”也是管理者经常犯的一个错误。员工在工作中出现一些差错和失误，管理者都负有不可推卸的责任。因此，在面对上级领导时，管理者也不能将全部错误归咎于自己的下属，应当首先承担起责任，这样才能得到员工的信任，他们才会在以后的工作中小心防范，避免再次出现失误。

改变第 2 步：把员工视作最亲密的朋友，增强团队凝聚力

Teressa 是一家公司的策划部经理。那个下午，她接到一项非常紧急的任务：公司的一款新品牌即将上市，需要他们部门尽快策划出一个行之有效的推广营销方案。

Teressa 意识到，要完成这项艰巨的工作，靠自己单打独斗肯定是办不到的，必须要集合团队成员的力量才能顺利完成。于是，她通知部门所有成员，下班后留下来一块儿加班。

到了下班时间，Teressa 停下手头的工作，给每一位员工订了晚餐。不一会儿，香喷喷的比萨就送到了办公室里，大家一边吃着可口的比萨，一边讨论着推广方案，办公室里一片其乐融融的气氛。Teressa 原本计划晚上 9 点钟完成工作任务，但由于员工们热情高涨，结果提前一个小时就完成了。员工们不但没有因为加班而有所怨言，反而每个人的脸上都洋溢着成功的喜悦。

正如歌德所说的：“不管努力的目标是什么，不管他干什么，他单枪匹马总是没有力量的。合群永远是一切善良思想的人的最高需要。”任何工作环境都不是真空的，作为具有社会属性的人，我们需要与他人协作。即使再出色的管理

者，也不可能事无巨细地包揽所有的工作，只有与员工一起并肩战斗，集结团队所有的智慧和力量，依靠团队凝聚力才能实现预期目标。

改变第 3 步：激励有活力的员工，以此带动团队的活跃气氛

大家肯定听说过“鲶鱼效应”，当在一群奄奄一息的沙丁鱼中放入一条活跃的鲶鱼时，沙丁鱼的活力与生命力也被激发出来了。

这个故事对管理者而言是一个很好的启示。我之前已经讲过，无论是积极情绪，还是消极情绪，都是可以传播和扩散的。作为管理者，你如何打破“员工僵尸化”的怪圈？如何改变员工简单机械的工作方式？

一个行之有效的措施就是，激励那些充满活力和激情的员工，让他们带动起整个团队的活跃气氛。在管理过程中，你要善于观察，哪些员工是充满工作激情和动力、具备自我激励能力的。凡是这一类的员工，他们都能创造出优秀的业绩，而作为管理者，你所要做的就是激励他们，包括物质激励和精神激励。

当他们受到激励时，就会争取更好的工作表现，如此一来，充满活力的员工就能在团队当中起到一个很好的榜样作用。因此，正面影响就会潜移默化地传递给那些缺乏活力的“僵尸员工”，办公室的气氛也会逐渐活跃起来。

改变第 4 步：组织集体活动，增强团队凝聚力

很多“僵尸员工”之所以麻木混日子，是因为他们感觉工作只是谋生的一种手段，下班后才是属于自己的时间，在工作岗位上他们没有找到朋友、快乐和认同感。

而大多数公司也确实存在着这样的问题，缺少团队凝聚力。上班干活儿，下班走人，一个办公室里的员工互相不熟悉，没有交流沟通的机会，上班只是为了应付。

团队凝聚力是企业文化的组成部分，具体如何增强会有很多种做法。其中

可以通过举办一些活动，以增加同事之间的了解，让每一位同事找到认同感。比如组织旅游、爬山比赛、自行车活动等。很多员工在户外活动中会表现得与平时完全不一样，展现出另外一个全新的面貌。由于在集体活动中打破了正常的上下级关系，在大自然的面前，人们心情会变得很放松，从而获得工作时无法得到的快乐。集体活动结束后，很多人会重新打量团队，自己也会变得积极而富有激情了。

驱动力——让员工快乐地工作

工作动力的根本源泉是什么？管理者要想从根本上解决员工“僵尸化”、工作简单机械化的问题，就必须要回答这个问题。正所谓“欲引其泉，必浚其源”，只有先解决了这一问题，管理者才能打造出一支充满活力的、高绩效的卓越团队。

许多管理者往往不假思索地回答：“工资！”他们甚至会认为这个问题有些可笑：员工们来公司上班，不就是为了领取每个月的薪水吗？

事实上果真如此吗？我先给大家讲一个我朋友的故事：

我的这位朋友酷爱户外运动。他自己出资创办了一个户外交流网站，这个网站平台对所有的会员免费开放；他每个月会组织1～2次的户外活动；为了吸引更多的户外爱好者加入到户外运动的行列中，他专门设立了一个户外公益基金，资助和奖励那些长期坚持户外运动的“驴友”。

然而，他所开展的这些活动全部是公益性的，不但没有向户外运动者收取任何费用，相反地，网站运营、维护的费用、户外基金的费用，以及户外活动的开销都是由他一个人掏腰包——这是一笔不菲的开支。他告诉我：“我每个月的工资除了一家人的生活以外，剩下的都投进去了。”他为何要将自己的工资来做一件没有任何收益的事情呢？

我好奇地问他：“你用自己的工资来做一件没有任何收益的事情，你认为这样值得吗？”

他回答：“当然值得！因为我热爱这项运动，有了热爱，就无须其他理由了。”

在工作中，其实员工们也像我的这位朋友一样。不可否认，员工们工作是为了生计，为了满足自己的生活需求，然而这并不意味着工资就是他们工作的唯一目的。事实上，工作的本质在于员工可以通过自己喜欢的方式来实现自己的价值，这其中包含了两个方面的要素：

1. 工作必须是员工喜欢的方式。我们在选择一份工作时，首先会选择喜欢的、合适的、感兴趣的工作。倘若一项工作与自己的价值观相违背，我们通常不会勉强自己去接受它。

2. 工作的终极目的不是赚钱，而是实现自己的价值。因此，员工在选择工作时看重的是自己长期的职业发展，而不是短期的经济利益。

因此，管理者只有点燃员工内在的驱动力，让他们享受到工作带来的乐趣，员工才能贡献出他们全部的激情和活力，才能让公司充满快乐的向上力量，彻底消除员工“僵尸化”、工作简单机械化的负面现象！

在工作中，对他人多一分尊重，对自己的言行多一分约束；对他人多一分欣赏，自己多一分谦卑；对他人多一分宽容，对自己多一分提醒。

5. 认同文化的员工，与时俱进的文化

让我们仔细研究一下那些全球领先的企业，通用电气、亚马逊、丰田、沃尔玛、宝洁……尽管他们归属不同的行业，有着各自的运作模式，组织规模和历史不尽相同，但是他们的企业文化却表现出惊人的相似。比如，这些最受尊敬的企业都强调以人为本，重视沟通，强调组织创新，始终将顾客需求放在第一位，致力于提高产品质量或服务以及构建学习型组织等。同时，许多曾经盛极一时的企业最终却走向了衰败，究其原因，最根本的还应归结于企业文化上：他们的文化理念显然输给了那些优秀企业。

企业文化是组织的内核和灵魂，是企业一切经营行为的价值理念和指导思想，它包括企业的精神风貌、知识成果、企业文化仪式、舆论环境、员工心态等内容。

随着时代的发展和商业环境的日益完善，越来越多的企业经营者逐渐认识到企业文化的重要性，先进的企业文化能够提高员工的技能和素质，增强企业的凝聚力和向心力，能够充分调动起员工的积极性和主动性，它能够在组织中形成一股强有力的向上力量，使所有的组织成员紧密团结在一起，保证企业卓有成效地开展各项生产经营活动。

在其他客观条件都相差无几的两个企业中，企业文化的强弱与好坏对于企业发展所产生的作用是截然不同的。先进的企业文化对于任何企业而言都是一笔宝贵的精神财富，它能够给企业带来蓬勃的生机和活力，是企业建立持续竞争优势的关键所在。

很多管理者会说：“企业文化不是我能决定的，这是企业大层面的东西。”的

确，一个卓越的企业，其企业文化的缔造者和引领者大多处于组织的领导层，它并不是你想调整就可以调整的。但既然你选择成为这家公司的员工，愿意为这家公司的发展服务，那就说明你对这家公司的企业文化是认同的。员工是企业文化的建设者和发展者，企业文化需要企业内部所有员工的践行和认同。而管理者是企业文化的传递者，管理者对于企业文化的落地和渗透起到了中流砥柱的作用。一个企业积极力量的传递，需要管理者；一个企业消极力量的消失，也需要管理者。员工对于企业文化的实践和认同需要管理者的引领和塑造。

我接触过一位学员，他告诉我说他前段时间离职了，尽管那家公司的各项福利待遇都非常好。我感到很好奇，于是就问他是什么原因让他离职的。当他说完那一番话后，我就明白了其中的原因——他不认同那里的企业文化：

“我之前供职的那家公司硬件条件是无可挑剔的，薪酬待遇令我非常满意，而且公司的规章制度也非常完善。虽然那是一家外资企业，但就福利待遇而言丝毫不逊于大型国企，以我当时的资历来说，能够拥有这样一份工作是许多同龄人所艳羡不已的。 然而，我进入这家公司不到半年就选择辞职了。虽然公司的各项制度和薪酬福利体系都还不错，但它所暴露出的缺陷和弊端也是最让我感到厌倦的。

“首先因为它是一家外资企业，公司真正的老板基本就是一位甩手掌柜。整个公司就像一台机器一样，依靠僵化的管理模式和制度来维系其运转，让人感受不到企业的文化氛围。各职能部门的管理者长期钩心斗角，导致彼此之间非常冷漠；而我的性格又比较开放一些，我希望能够与所有的同事和睦相处，保持友好往来。但在那家公司，各部门之间各自为政的环境和气氛显然与我的这一理念是相违背的。

“尽管大家都处于同一个办公室里，但不同部门的人见面基本上不怎么打招呼。彼此之间除了工作就没别的，这种冷漠的气氛让我难以承受，在我工作的那段时间里，我从未见过我的上司和其他部门的主管轻松地交谈过。

“某次在茶水间，我和上司一起喝茶，对面市场部经理走了进来，两位经理一句话也不说，彼此漠然相对。在那短暂的几分钟里，茶水间里充满了一种令人难以忍受的窒息气氛。”

令人不适的企业文化

令人感到不适的、充满消极力量的企业文化已经在上述案例中体现得淋漓尽致。

冷漠的人际关系、部门管理者之间的利益纠葛、各自为政现象频出、工作机械模式化等，这些都严重阻碍了公司文化中积极力量的形成。当员工每天浸浴在这样的冷漠环境和氛围中时，他们感觉不到快乐，最终会选择离开公司。

这里要说明的是，如果是由于个别管理者或员工的不当行为而给企业造成了负面的影响，并不意味着整个企业都充斥着负面的文化。但是，如果企业环境默认了这种不当行为，而且已经见怪不怪，这就表明企业文化确实存在着某种问题。

很多时候，员工对于企业文化的印象和感受都是从自己的直接上级得来的。如果管理者言谈粗鲁，对待员工冷漠刻板，喜欢抱怨牢骚，处理问题缺乏远见，制度保守、强硬，那么员工就会认为“这是一个冷漠、僵硬的公司”。所以，管理者的言谈举止、处事方式很可能决定了员工对整个企业的印象。

员工因能力而来，却因不适应公司文化而离开。对于企业员工流失严重，自己团队的成员更替频繁的现象，管理者应该自我反省一下了：在管理中，你是否忽视了企业文化的重要性？是否忽视了自己对于企业文化的重视和践行？是否忽略了员工对企业文化接纳的培养？

改变：公平、透明、鼓励、分享

文化是企业的灵魂，对于公司内部来说，健康的企业文化是所有公司创造持续竞争优势的重要源泉，而对于公司外部（比如客户、合作商投资商及其他利益相关者等）来说，它更是一种“万有引力”，能够将所有的资源都吸引到企业中。正面的企业文化包括：诚信、透明、尊重，勇于面对挑战，对工作充满激情，重视彼此间的承诺，对结果负责，善于自我反省和批评，永远不满足及员工工作目标明确等，而这些积极因子需要你在团队管理中一一培植。

公平：给好团队一片发芽的土壤

健康的企业文化，首要因素在于公平。如果一个企业缺乏“公平、平等”，那么公司的一切文化和机制都犹如没有根基的大厦，势必会面临摇摇欲坠的后果。因此，公平对于企业的文化建设是排在第一位的。公平意味着摒除官僚作风，企业内部没有高低贵贱之分，人人平等，许多国际化的大公司都强调这一公平原则。

要给员工公平感，你首要做的就是：放下职位，放下资历。不论职位高低，资历多少，一视同仁。工作中，没有谁可以享受“特权”。

在意见采纳上，你要给予每个人公平的尊重。谁的创意新颖、可行、市场潜力大，就用谁的。人人都有发言权、选择权、投票权。

在薪资发放上，公平公正。谁付出多，贡献大，功劳大，谁的薪资所获就多。

在奖罚实施上，人人平等。不能因为谁资历高，你就留情面；不能因为你喜欢谁，就多给奖励少给惩罚。

在管理中，所有人、所有事，一律平等。如果团队有老员工，而你个人很是尊重，但他工作中出现了失误，你应该秉公办事。事后，你可以给予宽慰、谈心。这样，既可以给员工一个公平交代，又可以让受罚者宽心舒心。

尽量为员工营造人人平等的环境和氛围。相信我，这不会损害你的威严，反而会给员工们带来一种新的感受，那就是平等和尊严。在一个平等和开放的环境中，员工能够发挥他们的主人翁精神，调动他们的工作积极性、热情和敬业度，促使他们为企业更好地服务。公平，就是积极力量发芽的土壤。

透明：让好团队有“源”可寻

透明的企业文化意味着公司应当实施“开门政策”：公司管理者和员工之间能够实现无障碍沟通，任何员工都可以跟管理者讨论工作问题，让公司的管理体制变得更加透明和开放。

透明意味着鼓励员工们畅所欲言，发挥出他们各自的观察力和创造力，关注公司的成长和发展。如果员工对管理者的管理行为感到不满，也可以提出自己的批评意见。如果每个人都能提出对公司的意见和建议，表明员工都把公司当作家庭一样，而员工就是这个大家庭中的一分子。

身为管理者，可以从以下几个方面践行企业文化透明化。

信息透明化：这是企业文化透明化的基础和前提。我认为，一个好的管理者应该保证团队重要决策、项目进展、资金账目、上下级意见反馈等重要信息透明、公开。员工对于重要信息有选择权。比如你领导的项目组获得了上级的资金资助，此时你应该将这一消息及时告知员工。如果你闭口不提，待员工发现时，对你的威信、员工士气都是很致命的打击。

薪酬透明化：员工每月工资多少，具体包含哪几个方面，同水平员工薪资多少。这些都应该做到公正公开。透明化的薪酬分配体制可以帮助你留住好员工。

文化体系透明化：企业提倡什么，反对什么，鼓励什么，管理者对这些都已经心中有数，在员工进入团队初期就给予嘱咐，在平日的管理中对员工行为及时反馈。让员工明确知道该做什么，不该做什么。

另外，对于“越级上报”问题，我需要强调一点。企业文化的透明化，的确提倡公司内部沟通的无障碍，但并不意味着所有事情都可以越级上报。在这点上，需要管理者正确处理好信息透明和管理职责的关系。我不提倡越级行为。既然公司设置不同级别的岗位，一定有每个岗位的职权和责任。作为管理者，你可以与员工详细分析信息重要与否。如果你可以自行解决，就给员工一个肯定的答复。如果信息重要，而你无法给予定夺，那你可以代表员工上报。透明要建立在制度的基础上。在不侵犯公司制度前提下，努力为员工建立透明的工作环境，这是管理者应该做的事情。

鼓励：给员工的创造性提供最佳环境

鼓励是一种令人愉悦的正面力量，它能够使员工更团结，怀着愉悦的心情为企业服务。身为管理者，当员工有成绩时，及时鼓励庆贺，满足员工的成就感和愉快感。鼓励体现的是尊重和关注。任何员工都渴望获得上级的关注和青睐。当你能够及时、频繁地给予员工肯定和鼓励时，他会获得向上力量的强化。鼓励还意味着每个人都可以因为自己的付出而获得回报，物质和精神的回报同样令人愉悦。

分享：让彼此碰撞出工作的激情

在一个共享的工作环境中，组织成员能够分享彼此的信息、资源和经验。事实上，不只人类会分享彼此的资源，动物也会通过叫声和波动来分享食物和危险的信息，这也是分享的作用。我们既分享“食物”和“资源”，也分享“问题”和“危险”。

当不同的观点相互碰撞时，创新的激情也被激发出来。分享是产生创新的必要条件，人类文明之所以能够传承和延续，也正是由于人们懂得分享的价值。因此，要使办公室的工作更富有激情，应当鼓励员工发散思维，分享彼此新颖的想法和理念。

管理学中有一句名言：“没有一种激励比使员工在工作中感觉到愉悦更加有效。”如果你能为员工营造这样一种工作气氛，让员工可以在快乐中工作，那么员工就会对工作更为负责，工作更有热情。

要实现分享，有两个问题。第一是管理者的提倡和重视。在决策中，你多鼓励大家积极参与，互通心声，进行头脑风暴；在成绩上，你多分享团队成就，激励员工的工作热情。这些都容易做到。第二是员工的主动性。分享是一种自愿行为。如果员工缺乏分享的主动性，即使你再重视，也无济于事。而员工是否能够主动分享，关键在于团队环境的塑造，这点还是取决于管理者。如果管理者能够保证团队文化的公平、透明和鼓励，那么员工愿意分享的主动性就会得到很大的催动。

不仅员工要适应企业文化，企业文化也要适应公司的发展和需要，这样才能留住人才。对于员工来说，工作能力和对企业文化的认同度同等重要，工作能力是纵向动力，而对文化的认同则是横向动力。如果员工能够充分的认同企业文化，那么就能迸发出惊人的工作热情。而员工对企业文化的认同，缺不了管理者的引导作用。

文化需要“互相”认同

一位房地产的老总对我这样抱怨：他的集团中有个物业事业部门，在这个部门中，基层员工的离职率始终居高不下。这是令他极为头痛的一件事，物业部门本身是一个人力密集型的行业，要创造良好的服务体验，人员的稳定性是很重要的：客户对你的物业人员越熟悉，客户体验就越好。而物业部门的高离职率导致了客户品质感的下降，当客户需要物业人员的时候，每次来的都是不同的人，这是令人产生不信任的原因。或者昨天物业保安员见到你，还对你打招呼，帮你停放车辆，今天新来的保安员就过来盘查你的证件，这无疑会降低客户体验。

这位老总的公司做的都是中高端的房地产，客户对于物业的要求是很高的，但是在这关键的一点上，员工的离职率却达到了50%。他希望我给他解决这个问题。

我对他说：“员工会来到你的公司，说明在一开始是彼此认同的，但是他们离去，无非是两个原因，一个是精神回报低，工作前景不明。物业的工作简单而枯燥，不容易带来成就感，也看不到这个职业未来的发展道路，一言以蔽之，

‘看不到前途’；一个是物质回报低，物业不属于高精尖产业，对于人员的素质要求不高，所以工资始终高不上去，这就是物业人员看不到未来的‘钱途’。”

如果你自认企业文化建设得还不错，但是员工的离职率却始终很高，那么也许你需要改进文化，来适应你的公司。因为，“企业文化”是需要互相认同的。

社会是一种金字塔阶层结构，每个行业都会有基层员工，他们也许大多数都没有受到过最好的教育，家庭条件也不好，因为社会和家庭个人的原因，这些基层的员工已经输在了起跑线上。他们很难享受到员工的幸福感、归属感和成就感。这使得他们不断地离职、跳槽，但是结果并不尽如人意。

要留住这些员工，公司应当更加关注于他们的内心，让企业文化更加适应他们的情况，企业文化不应当只建立给公司中的精英，让全体员工享受到幸福、归属、成就感，也是企业文化的一种进步。

如果关注员工的内心和需要能使他们增加对公司的归属感，何乐而不为呢？

“付出型企业文化”的胜利

付出型企业文化并不意味着公司要面临严重的损失。在 100 年前的底特律，美国福特汽车公司宣布：福特汽车的员工每天的工作时间减少至 8 小时，并且工资翻倍！提升到了每天 5 美元！这是一种惊人的付出，公司需要为此多付出 1000 万美元。

福特公司的管理者小福特表示：他希望福特公司员工的收入能够使他们支付得起自己公司的产品。

这是一种对基层员工的关爱，大大提高了福特公司员工的归属感和幸福感。但是当时却有大批的经济学家对福特公司进行抨击和嘲笑，说福特“把《圣经》里才有的精神用在了工业中，用博爱主义来争取人心”。

但是在那一年，1914 年，福特公司的整体利润增加了 200%！高达 3000 万美元！福特公司的壮举还在于扩展了汽车的消费群体，永久而深刻地改变了汽车这一行业的生态，同时把底特律变成了汽车之城。这也是美国精神的一种。现在的美国是一个车轮上的国家，这和福特公司当年的创举有着不可分割的关系。

当然，我举这个例子的目的并非要求你为员工争取增工资加、减少工作时间。我需要你了解的是“想员工所想”的思维。身为管理者，你需要付出时间去了解自己员工的个性差异、生活困难以及精神需求。在员工管理上，努力做到用心、真心、耐心、有爱心，打开员工的心扉，让员工可以真心对待工作，体验到为公司工作的荣誉感和幸福感。如果拥有这样的上司，能够为这样的公司服务，试问员工怎么舍得离去呢？

6. 不满足于现状，每个员工都为改进工作而费心

我给很多大学毕业生做过就业指导，也给很多职场人做过工作咨询。如果是毕业生，我通常会问："你想做什么工作？为什么？"而对职场人，我会问："你为什么喜欢现在的工作？"或者"你为什么想跳槽去那家公司？"问题不同，但答案却出奇地相似：工作稳定。

稳定，固然可以带来安全感，但我们应该看到更深一层：稳定意味着简单重复，没有危机感，不必穷思苦想。长久地安中求稳，会渐渐消磨掉思考的冲力，没有了追求进步和创新的动机。

在企业中做咨询调查时，经常有高层的管理者对我说："我们公司里死气沉沉的。有些部门的员工们就是老油子，批评表扬都无所谓，有时我急得要命，他们还是不紧不慢，这样的员工带着真累啊。"这就是一种负能量的体现。

我听说，现在有一种团队或者员工被称为"职场橡皮人"，就是没有神经、没有痛感、没有效率、没有反应的橡皮人。他们不接受任何新生事物和意见，对领导的批评和表扬也无所谓。这种负面心态长期发展下去，不仅会伤害公司的创新活力，还会伤害员工对生活的热情，带来消极的人生观。

也有人刚来到团队里的时候还是怀有激情的，但是时间一长，发现自己再努力也没用，周围都是充满负面情绪的"橡皮人"，慢慢地自己也被同化了。

"大家都按部就班的，怎么就你一个人爱有怪想法？"这是在团队中经常听到的一句话。如果这句话是员工之间互相打趣的话，还不要紧，但如果是管理者对自己的员工这样说的话，就会扼杀员工的兴趣和激情。创新本来就是与众不同的，如果人人都一样，哪儿来的进步呢？

小赵是一家外资企业的中层管理者，主要负责生产方面的工作。他参加工作好几年了，对本车间的生产环节非常熟悉。这个生产车间的生产效率比较低下，由于产量达不到要求，总是拖产品工期的后腿。小赵在晋升到管理职位之前是一个普通工程师，对原来部门的管理不是很满意，认为一定要进行改进。经理认为他是个人才，所以在一次人事调动中把他提拔到了主管岗位。小赵非常激动，觉得自己一定要做出个样子来。

新官上任三把火，他刚开始参与管理时，觉得这儿也可以改流程，那儿也可以做岗位调整，都是可以提高效率的。事实证明，他的一些想法是不完全成熟的，再加上有些员工对他不是很服，所以遇到了不少阻力。小赵自己感觉有些地方做了变动后反而会影响工作效率，自己的努力不但没有收到预期成果，反而还降低了产量。于是，慢慢地，小赵不再挑剔工作了，而是变成得过且过的态度。

凭着自己对工作流程的熟悉，他很快就依照原来的办法继续下去，每天不加班也不改变，工作上四平八稳。如果员工对他提出新的流程建议，他就做出一副非常困难的样子："唉，难啊，很多事情不是说变就能变的……""你想象得太简单了，还是先做好自己手上的事情吧！"时间长了，很少有人向他提建议了，部门又回到了原来的死水一潭，再也没有人提议修改工作流程，提高效率了。

由于工作效率得不到提高，要么需要增加员工增加成本，要么就是无法按时交货。小赵觉得："反正我就按照以前的节奏去做，无功也无过吧。以前的交货期就无法满足，现在也就这样吧。"

经理对这个车间的人事变动本来是寄予厚望的，但没想到小赵上任以后很快就消沉下去了，工作效率也没有提高，整个部门不紧不慢，产量与交货期之间的矛盾还是那么尖锐。不管市场人员多么急迫，这个车间的生产环节经常拖整个生产的后腿。过了一年多，小赵还是被撤职了。

在这个案例里，小赵还是有创新意识的，只是他没有坚持下来。要知道创新是一件困难的事，涉及多个环节，哪怕是一个小小的创新，都会遇到意想不到的阻力。小赵由于遇到了一些挫折，最终他选择得过且过，“不求有功，但求无过”。他的这种心态又压制了团队的创新能力，人人都以无功无过为准绳，这样团队慢慢地就变成了“职场橡皮人”。

在我了解的另外一个案例里，张经理也是一位生产管理人员，但他的团队呈现出的则是另一种氛围。

张经理是一个很喜欢钻研、不满足于现状的人。他上任以后，首先花了一段时间去了解各个工种之间的衔接关系，自己琢磨了很久，有些工种忙闲不均，是否可以通过培训提高员工的岗位兼职能力。在他看来，原来三个岗位上的工作，如果能让两个人来完成，就可以减少一个人的成本，同时这两个人自己提高能力的同时，也会有收入上的相应提高。原来的岗位设置上没有专职的维修员，当设备损坏时，只有本车间的几个老师傅，谁有空谁就去修，有时就会耽误生产。能不能采用专职维修员呢？通过对多台设备的维修周期、维修时间的调查，张经理决定申请设置专职维修员这个岗位，虽然多了一个人，但从长远看却提高了整个工厂的工作效率。

张经理一直在对自己的管辖范围进行着改进。虽然难度很大，但他积极地采取了多种办法，总能一步步地找到解决办法。后来，张经理觉得偌大的部门，如果每个人都能想到改进的办法多好啊！于是他与公司领导商量，采取了“有奖建议管理办法”，对每个员工提出改进工作效率、降低工作成本的建议都加以奖励。大家的积极性都被调动起来了，经常有人向公司提出好的建议。管理层有时并不如员工层对细节把握清楚，所以有不少降低材料损耗的建议，给公司带来很大好处。

在这里，张经理不但自己积极地去思考改进，还带动了员工们。这就是一种很好的向上的力量辐射。每一位员工都希望得到肯定，在他们说出自己的思想和建议时，张经理适时地给予表扬和物质奖励，从不打击他们的积极性，这样就营造了一种向上的、积极的团队氛围。

阻碍我们创新的四座大山

阻碍我们创新的有这样四座大山：从众心理、权威心理、先验效应和情感阻碍。

我们用自己过去的经验来判断今天的事物，用过去的规矩做今天的市场；我们还习惯被自己的情感扰乱，处于安全感的内心需要不愿意做出改变；同时，我们还被权威原理和从众心理误导，别人怎么做，我们也怎么做。别人不去开拓新市场，我也不去。

老板都不创新，我为什么要创新？（权威心理在作祟。）

我过去都是这么做的。（先前的经验在阻碍我们。）

创新多累啊。（安全感的情感需要在阻碍我们。）

只有彻底搬开这四座大山，才能真正地扫除创新的阻碍。

移开从众心理的大山：还有没有更好的方法？

别人怎么做，我也怎么做。别人不创新，我也不创新，这就是从众心理在作祟。但是，如果你一直和别人做一样的事情，你的竞争力在哪里呢？

如果你一直从众，那么客户选择“众”就好了，为什么要选你？

只有抛弃从众心理，开发出独一无二的价值，你才会拥有自己的位置。不要从众，永远不要重复他人，这也是苹果公司独特的信条。

要移开从众心理的大山，可以在工作时自己询问这样三个问题：

1. 摆事实：别人都是怎么做的？

2. 评估它：这种做法真的完美吗？

3. 改善它：还有没有更好的方法？

移开权威心理的大山：别让别人告诉你“这不行”

我们都习惯于追随权威，在行业中企业喜欢向领头羊看齐，在工作中喜欢向上司看齐，追随权威一方面是我们的心理需要，一方面这样做也更简单：所有不需要创新的事情都意味着简单（但是简单却不意味着轻松和价值）。

权威人士也常常起反作用：有时你有非常好的创意，对工作有了新的开发或者找到了新方向，你对它忐忑不安又充满信心，但是当你带着你的新创意去询问权威人士时，却遭到了致命打击：这样做不行！

这时，你是继续坚持自己的创新行为，还是听从权威的意见？

事实上，你可以先把自己该做的工作做好，然后额外把你的创新做出成果来。有时人们否定，只因为他们没有看到成果。

不要把权威想得太富有远见且次次富有远见。其实我觉得，权威的正确率最多只有 50%——只是那成功的 50% 被放大了，那失败的 50% 被忽视了。

移开“先验”的大山：此山是我开！

“先验”是这样一座大山，你会本能地按照自己过去的经验来处理工作，在自己没有经验的时候就去询问他人的经验，然后一切按照“固定动作”去做。先验是这样阻碍我们的创新的。

自从我们呱呱坠地起，就在一直接收周围人散发出来的这样的思想——

一个人的能力是有限的。（潜台词是：你的能力是有限的）。

人生有许多事情是做不了的。（潜台词是：你做不了这个）。

连伟人也都没做成 ×× 和 ××，连 ×× 也没做到 ××，又何况你呢？（潜台词是：你还是放弃吧。）

这些话语貌似有理，但是无一不是建立在别人的经验之上。它们只是经验之谈，而不是真理。

不要让他们的言语阻碍你的脚步，这些悲观主义者经受了太多现实的打击，他们的棱角已经被磨光。不要让没有创造力的人告诉你你是否有创造力，不要让自己都做不成的人告诉你你做不成。纵观历史，那些取得最大成就的企业家、最了不起的人，他们哪个不是从无到有奋斗而来？那些了不起的思想家、科学家和作家都有着丰富的想象力，他们的创新行为常常会受到周围人不理解的嘲笑。但是当他们拿出成品时，人们却会为他们的成绩而惊叹。

此山是我开，此树是我栽。即使以前没有这样的经验，也不要让你已有的经验阻碍你的脚步。

移开情感阻碍的大山：不屈服于自己“少动作”的本能

情感也会阻碍我们创新：我们都有维持现状的本能，这种本能从我们还是原始人的时候就根植于我们的基因。原始人时的我们要通过狩猎在危险的大自然中求生，只有一直按照之前的经验，才能最大限度地保障安全：在原始狩猎时代，偶尔的创新行为（比如不按照规律去狩猎）都可能要了我们的命。

我们还有“能少做就少做”的本能：原始人时的我们为了存活，要尽量地摄取食物、保存脂肪，在狩猎之外，我们能少动就少动，这是为了维持身体里不多的热量。

直到现在，我们可以不为安全和食物发愁，我们的这种本能仍在以情感的方式影响我们的行为。这不是什么坏事。但是不要被自己的本能控制，在脱离原始社会之后，我们的本能并不能让我们更有生存能力。对于现在来说，只有不畏惧变化、热爱变化的人才有竞争力。

每个员工都为改进工作而费心

要想培养创新型员工，就要激发其对工作的饥渴和热情。如何激发？我给大家提供六种方法，这些方法我曾多次亲身尝试，很见成效。

（1）别用“裁员”吓走员工的安全感

“我给你最后一次机会，做不出出色的方案，你就走人吧。”这是很多管理者对员工的工作激励。这绝对不是一种聪明的管理行为。如果你的员工没有职业安全感，整天提心吊胆于“失业”“被炒”时，他怎么会有心思去创新呢？要谨记：不到迫不得已，不要用裁员吓唬员工。这起不到你想要的激励效果，反而只会增加员工的负面想法。

你对员工忠诚，他才会对你忠诚。给员工的心理构建安全的温床，他才有心思考虑创新、想要创新。

（2）创造让员工充电的机会

不断地学习才是创新的源动力。即使你的员工能力高、本事大，但只要求他源源不断地输出思想，而不给予机会输入思想，那么总有一天他会枯竭。多给员工制造可以学习、进步的机会，保证员工能够持续充电。必要时，可以为每一位员工创建培训档案，为其规划职业生涯。努力使团队朝着学习型组织方向发展，为员工提供不断进步、提高的氛围。

只有员工自身得到了进步，团队整体创新力才会得到提升。为员工充电，就是为团队充电。

（3）按时发放薪资

“虽然有时会延迟支付薪资时间，但又不会拖欠，这有什么影响？”这里面的学问大着呢。薪酬支付的时间是有技巧的，支付时间不同，产生激励的效果也不同，尤其对于年轻员工，一定要按时发放薪资，避免造成员工的精力分散、抱怨情绪。不要随意开“口头支票”，说“最近表现很不错，我打算给你一些奖励。继续加油”这类话，一旦出口，一定要兑现，而且要及时。

创新需要员工的主观能动。你强制不来，只能等待员工的自觉。按时发放工资，可以增加你的威信，提高员工的忠诚度，增加创新的可能性。

（4）频繁给予小型奖励

根据我的经验，管理中频繁的小规模奖励比大规模奖励会更有效。频繁的小奖励能够时刻及时强化员工的创新动力，使其体会到成就感。这种奖励方式能够促使员工沉浸在受奖励的快乐中，对创新行为可以产生持续激励作用。

小奖励不在乎奖励的类型、实际价值。通过小规模奖励，向员工传达的是你对其工作的重视、欣赏和尊重。

（5）制造意外惊喜

给员工不定期制造工作的意外收获。增加不定期的奖励，减少员工对固定奖励的固化思维，消除惰性心理。当员工对于奖励有期待，有神秘感好奇感时，其工作兴趣也会得到提高。减少定期奖励，增加不定期奖励，防止员工因对固定奖励的模式化思维而产生惰性心理。

为员工制造不定期奖励，是一种无制度化心理契约。这种方式会最大限度地带给员工工作的附加值，增加其工作上的主观幸福感。

（6）平等相待、充分尊重

平等和尊重最能赢得民心。在管理中，平等对待所有员工，更要让员工体会到自己人格上的平等。很多管理者可以做到员工管理中平等化，但却不能放下自己的身段，将员工视作合作伙伴，而不是被雇用人。摘下自己高高在上的光环，用朋友之情、同事之心对待员工，才是对员工的真正尊重。员工的自发创新很大程度上来自内心对你的人格的认同。当他能够带着感情工作，而不只是为了谋生而工作时，他自然会全力以赴。

7. 部门如兄弟，用整体眼光看问题

现在的企业中，各部门职能越来越细分，组织结构分明，部门工作权限明确。但是当公司出现突发事件时，需要各部门协调来解决，如果公司里的经理们都抱着“各人自扫门前雪，勿管他家瓦上霜”的想法，就会出现相互推诿、部门各自为政的现象，这明显是一种负能量。

很多部门主管没有全局观，不能站在公司全局考虑问题，不归本部门职责的事情能推就推，能忽视就忽视。这些管理者认为，部门内的员工是自己人，其他部门的员工是外人。时间一长，手下的员工也会同化此种行为，只做自己的事情，同其他部门的同事锱铢必较，坚决不把自己的时间“浪费”在他人身上。

但是，公司是一个整体，如果各部门之间没有团队合作精神，组织就犹如一盘散沙，缺乏向心性和凝聚力。这是典型的目光短浅、鼠目寸光，在工作中斤斤计较，利益权衡过度，会使团队之路越走越窄。

在一家按订单生产的企业中，根据流程，如果用户提出非标准要求需要更改产品时，研发部会下发产品更改通知到生产部门，生产部门试生产一台，交测试部进行测试。测试完毕后再下发批产通知。

有一次，公司下发了一个质量通知，要求所有的产品中都使用固定几个品牌的、经测试过的精密电阻。而就在通知下发那一周，研发部刚下发了一个新产品试产申请，其中的某个电阻采用的是非精密电阻。

当生产部把试生产的产品交付测试部后，测试部拒收，理由是不符合测试要求，没使用公司统一规定的元件。而生产部认为，这是根据研发部的要求制作的，根本不会影响功能测试，应该先测试，在成批生产时再更改元件。就这样，两个部门互相扯皮，等到研发部来追踪试生产、测试结果时，才发现样品仍躺在生产部车间里。

这个事件中，由于公司的制度没有规定详细，所以出现了部门间的相互推诿，表面看上去只要修改规章制度就可以了，但是站在更深一点儿的层次来看，问题就大了。公司的规章制度只是规定大多数的情况，不可能事无巨细，所有的细节都有章可循。如果在这个事件里，任何一个部门采取“先解决事情为第一要务，再讨论规章制度”的态度，那么这件事将会得到迅速解决，甚至占用不了半小时时间。这就说明公司里没有良好的协作氛围，在非常规的事件发生后，只能陷入停滞状态。这样的公司难以达到高效，这样的团队也不会是成功的团队。

如果部门经理都不能从自我做起，摒弃山头思维、部门之间的门户偏见，那么他们手下的员工也会养成互相推诿的陋习。当所有人都将时间从做事上转移到互相推诿上，当管理者计较的不是做什么事，而是谁来做时，那将是一个公司的悲哀。

在工作中，当你计较得太多，把自己与他人、部门与部门、个人与公司的界限分得太过明晰，在他人需要帮助时，总是吝啬自己的时间和精力，那么换来的将是他人的“以其人之道还治其人之身”。长此以往，整个公司个人化、部门化、层级化现象丛生，严重阻碍了公司的正常运作。

在另外一家生产型企业里，类似的情况也很多，但是都能顺利解决。有一次，公司接到一个大型外贸单，产品要销往德国，交货时间还非常紧张。但是，产品以前一直是出口英语系国家，无论是产品的软件界面、说明书、检验证书、产品铭牌等都需要重新进行修改，改成德语。

订单下到生产部之后，生产部经理立即开始协调，主持召开了项目协调会议。在这个会议上，生产经理邀请了市场部、研发部、采购部门相关人员，大家在一起协商产品的德语化工作，很快就有了结论，由市场部协调用户所需文件清单，研发部负责对产品的软件界面升级德语版本，采购部门负责对外购的产品铭牌进行德语化，生产部经理担任项目总负责人，负责这个项目所有的语言接口协调问题。

这个项目启动会结束后，各部门人员各司其职，生产部经理不断地督促各部门的进展情况，随时协调沟通，在很短的时间内就完成了这个项目，成功地把公司产品售到了德国。

如果大家互相推诿，我想这个项目一定无法高效完成。而且对于公司从未做过的新项目，每个部门都可以有很多借口，把事情撇清，认为项目拖延不是自己的责任。

比如，生产部经理会说："没办法啊，研发部的软件新版本还没升级好，我生产出来的产品只能等程序。"市场部经理可以说："项目我已经签下来了，后面就是生产部他们的事情了。反正要按时交货，否则我可交不了差。"研发部经理也可以说："这完全是新的版本，之前也没有人征求过我的意见。这么短的时间，我能研发出来新版本就不错了。"采购部门也可以说："以前我没采购过类似的产品，德语？我们都没学过啊，你不交代清楚，我怎么可能按时采购回来呢？"……

每个部门都可以说不是自己的责任，然而，当合同无法按时完成时，损失的就是公司了。

在这个案例里，生产部经理就做得非常好。在做一项从来没有遇到过的工作时，他没有无所事事地等待总经理的协调，而是主动地、友好地把各部门邀请在一起进行协调，把其他部门看作是"兄弟"，摒弃了各自为政带来的负面影响，最终顺利地完成了这个项目。

在日常工作中，作为一个部门经理，应该如何处理与其他部门之间的关系，才能让公司充满向上的力量呢？

管理者的责任意识

我曾经听过一个关于责任心的讲座。老师说，一般人认为"国家有难，匹夫有责”已经是非常有责任心的表现了，但是在我的企业里，我要求所有的管理者坚持“企业有难，我的责任”。

这句话如同醍醐灌顶，让我找到了企业中“各自为政”“山头主义”问题的症结所在。

“企业有难，我的责任”，它的意思是让“我”勇于担当，任何问题都可以当作是自己的责任。

不管企业里出了什么样的问题，如果管理者抱着“我”有责任把它解决的态度，那么企业里就会少了推诿，多了效率。所以，高度的责任心，让管理者能够在职责不明时，勇敢地担当起来，以解决公司实际问题为第一要务，其次再去考虑职责分明的问题。

用整体眼光来看待公司，视部门如兄弟，其背后的深层机制则是高度的责任心。一个有责任心的管理者才能够把公司发展看作自己的事，在遇到困难和职责不清时，管理者才能够带着团队站在公司大局的角度，主动去解决实际问题，而不是能推则推。

所以，责任心是优秀团队的根本，管理者的责任意识也是最重要的素质。事实也证明，管理者的责任意识不强，综合素质也不会高，工作绩效很难提升。如果一个管理者能力很强，水平很高，可没有责任心，那也不是有用之才。有责任心的管理者，他做的每件事都是指向公司整体利益的。当需要部门协作时，他也不会有抱怨情绪、不满态度。因为责任心本身就是强大的影响力，能够推动管理者从全局的角度出发处理问题，也能给团队做出榜样。

作为一名部门管理者，在工作中要时时修炼自己，提升自己的全局观和责任心，这样才能和相关部门搞好关系。一旦发生意料之外的事情，各部门就可以相互帮助、相互扶持，迅速而有效地解决各种问题。这种态度也会影响部门内的员工，让大家远离“推诿”的心态，部门内充满积极的力量，更高效地完成工作。

要建立大局观，舍小我顾大我

大局观就是整体观，指的就是一个人要有战略、发展眼光。俗话说得好："不谋全局者，不足谋一域。"如果你不能从全局考虑问题，那么一个小小部门你也管理不好。一个优秀的管理者应该具有大局意识，能够不计眼前得失，着眼于最长远、最多的利益。

不能为了部门利益、个人利益，而置公司全局于不顾，否则做任何事情都会变成"捡了芝麻丢了西瓜"，获得短时、眼前的"个人"所得，丢掉了公司和团队的长远发展。

今年3月份，我给上海一家化妆品公司讲课，这家公司的市场总监是业内众所周知的能人。下课后，他跟我聊了他的亲身经历：

"我以前个人主义非常严重，总觉得应该为市场部员工争取最大的利益，从不愿意管别的部门的事。管好了吧，业绩算别人的。管不好吧，别人兴许还怨我多管闲事。所以我能推就推，不惹麻烦。可销售总监做的一件事改变了我。

"两年前，我们部负责公司新产品的全面推广，销售部负责产品的线下铺货。我们整体的推广策划是'线上线下双管齐下，网推为主，实体为辅'，线上推广需要找一家奢侈品品牌营销网站合作，但我之前没有跟这类网站打过交道，不好对接。我听说销售总监跟一家知名的奢侈品品牌网站老总有交情，但是，我跟销售总监没什么私交，之前还以'人手不够'拒绝过销售总监的求助，销售总监凭什么帮我呢。

"出乎意料，当销售总监得知我在尝试联系品牌营销网站时，在会上主动提出给牵线。

"结果这个产品的推广很顺利，我们后来又做了一系列这类产品。我也因此获得了领导褒赏。可我知道，是销售总监的大局观帮了我。更重要的是，他的舍小我顾大我，从公司整体利益出发的精神深深打动了我。自此以后，我一直以他为榜样，摈弃了那种山头主义的狭隘观念。"

我经常将此案例用作典型。销售总监就是一位称职的经理人，他有很好的全局意识，能够为了公司利益放弃前嫌，利用自己的资源，处理本不属于自己职责内的工作。**这个例子值得我们每个管理者深深反思：在管理中，我们是否只管自己部门的事情？是否只看到自己的利益，而忽略了公司利益？是否因个人私怨导致个人主义？**

第三章
营造能量场，修炼领导力

高层管理者主要负责团队的方向、政策、长期计划，他所面对的中层管理人员本身素质就比较高，在沟通、激励方面也相对简单一些。而中基层管理者主要负责公司的执行、实施、中短期计划，面对的员工素质也相对低一些，所以花在协调、沟通、指导方面的精力就要大得多。

在基层团队里，领导的主要作用在于增强下属的凝聚力，提高战斗力，同时激励他们、从最有效的渠道入手进行员工之间的协调，培养团队成员工的各方面能力。从这个角度来看，中基层管理者不仅要管理得好，更要领导得好。

1. 基层管理者也需要修炼领导力

我们经常把“管理”与“领导”视为一体，管理者同时也是领导者。实际上，管理能力与领导能力还是有些差别的。

从字面上分析：管理，是“管”和“理”，强调的是通过规则的制定、进度的把握以及对人、财、物的合理协调和配比，用最低的成本来完成团队的目标。领导，则是“领”和“导”，强调的是带领和指导。领导做的事情更像是为团队指明方向，并且身先士卒，让大家跟随。

从目标上来看，管理是组织员工完成工作，领导则是修炼自己，来影响、带领员工完成工作。

从方式上来看，管理通过制订计划和标准来指挥员工完成目标，领导则是做决策、定目标，然后激励员工完成团队的愿景。

从境界上来看，管理者主要是对事，目标是高效工作；领导则是对人，让人愉快工作，从而提高效率。

正因为有着这些细微的差别，有些企业中的中基层管理者会认为自己只是一位管理者，而并非领导者。

林经理是一位基层经理，他的下属很多都是外来务工人员。林经理在各个岗位都经历过，部门内的每个岗位他都很熟悉。无论是日常业务安排，还是帮员工解决问题，林经理都能胜任，但是他有一句口头禅，就是“我就是个小主管，别什么事情都找我”。凡是员工想找他了解公司情况，或者想找他谈谈，或是有什么工作上的建议时，他总是抛出这个口头禅。

公司的高层领导为了提高中基层管理者的能力水平，曾经安排过一系列“领导力”方面的内训课程，林经理总是以这样或那样的借口不去参加。在他看来，部门里的事情能解决，领导安排的生产任务能完成，自己这个经理就已经很胜任了，“领导力”那些玄乎的东西离自己太远，学了也没用。

与其他部门相比，林经理的部门员工流失率最高。林经理对此也没有办法，他认为外来务工人员本来流动性就很高，每年都会频繁地跳槽，没办法，向人力部门再打报告申请要人吧！再说，现在“85后”、“90后”的孩子都出来工作了，这些孩子生活相对比较优越，不愿吃苦，安排下去的任务也不当回事，不太听经理的话。往往是工作半年一年的，磕磕碰碰能上手了，就辞职跳槽了。

林经理的想法。以及他所面临的这些问题，在基层管理者中还是比较常见的。从表面上看林经理似乎没什么错误，但是其实大错特错，其主要问题就在于对自己的定位不对。中基层管理者在企业里究竟是什么角色？在上级面前，他是执行者，在员工面前，他是领导者。他起到了一个承上启下的作用，最重要的一点，他还是企业文化的传播者与建设者。

林经理在自己的团队面前只起到了一个执行者的作用，把自己当成一个和其他员工同样的螺丝钉，只负责下达任务、分配资源，却忽略了最重要的团队建设工作。在他的部门里工作，员工会感觉到自己只是一个工具，连经理自己都觉得经理的地位无足轻重，员工更难以感受到尊重、认可和激励了。

其实，从统计数据上来看，高层管理人员花在组织和控制工作上的时间要比基层管理人员多，而基层管理人员花在领导工作上的时间要比高层管理人员多。这样的数据乍一看有点儿奇怪：难道对高层管理人员的领导能力要求还不如对中基层管理人员的要求？

仔细想一下就知道了，高层管理者主要负责团队的方向、政策、长期计划，他所面对的中层管理人员本身素质就比较高，在沟通、激励方面也相对简单一些。而中基层管理者主要负责公司的执行、实施、中短期计划，面对的员工素质也相对低一些，所以花在协调、沟通、指导方面的精力就要大得多。

在基层团队里，领导的主要作用在于增强下属的凝聚力，提高战斗力，同时激励他们、从最有效的渠道入手进行员工之间的协调，培养团队成员的各方面能力。从这个角度来看，中基层管理者不仅要管理得好，更要领导得好。

如果在林经理的团队里，每个员工都能在最困难的时候得到林经理的帮助，所提的建议能得到林经理的及时回应，能看到林经理对自己的肯定，能看到上进、学习的希望，那么我想，团队的离职率一定会降低。林经理所营造的负能量氛围让员工们感觉到“跟着林经理没有什么前途”，这才是离职的深层原因。

市面上的领导力课程很多，其内容的侧重点也各不相同，但大多是从“激情、共赢、承诺、信任、感召、负责任、付出、欣赏、可能性”这些角度训练。仔细分析一下，领导力课程主要还是提高管理者的影响力和魅力，从而影响带动部门员工。对于中基层管理人员来说，这些修炼非常重要。

“管理”方面的书籍、课程教会管理者如何进行决策分析，如何确定目标，如何分解计划，如何安排组织人、财、物以及控制和执行。“领导力”方面的书籍、课程则是帮助管理者学会恰当的领导方式、沟通方式，能够激励员工们共同努力，能够带领团队达成目标，创造更多的可能性。

二者相比，“管理”是术，而“领导”是道，术源于道。当管理者了解了领导的道理，再去学习管理方法时，就会事半功倍。而如果只去学习管理方法，不注意提高自己的领导力，则会“东施效颦”，遇到较深层次问题时，只能像林经理那样无可奈何。

从实践中来看，只有好的领导者来从事企业的管理工作，才能营造团队的强大磁场，有益于提高团队的工作效率。作为一名出色的中基层管理者，必须做一个有领导能力的管理者。

如何修炼成为一位有领导能力的管理者呢？

扩大自己的影响力。

从某种角度来说，领导能力不是岗位给予的权力，而是管理自己、影响别人的能力。具有正面力量的领导者能够用自己的力量去影响别人，激励员工找到每个人的能力所在，并帮他放大。

所以，领导者首先要学会扩大自己的影响力。当团队面对一个目标时，管理者也许会做出一个完美的计划，但是所有的计划都要人来参与。如果管理者无法影响自己的下属全力以赴地去向目标努力，再完美的计划也会落空。

目前，由于生产过程自动化程度的提高，再加上员工自我意识的提高，员工对于机械、单调的工作容易产生厌烦情绪，这时采取原来的以权压人、统一命令、简单奖惩的方法已无法维持员工的积极性。这就要管理者发挥自己的影响力，以自己的人格魅力来带动员工，获取员工的信任，使员工认可自己是团队的一员，认识到需要负起的责任，自发地为实现部门目标而努力。

鼓舞自己的追随者

仔细分辨，我们可以发现，领导者比管理者拥有更多的激励他人的能力与意识。有领导，就有追随，领导者要学会鼓舞他们的追随者。

领导是员工心目中的偶像，拥有较高的道德和操守。领导应该通过自我表率、愿景分享、个体激励等各种方法去鼓舞自己的追随者。领导者鼓励员工进行创新、挑战自我，努力达到一个新的成长高度。领导者还应认真地倾听员工的诉求，为他们提供各种资源、支持。

在日常管理中，要学会把自己的角色定位为员工的教练和顾问，通过个性化的指导，推动员工们成长。

放宽自己的视野

作为一个管理者，可能只满足于自己在企业内部的基本构架中的定位，只对上级领导负责。而作为领导者，却需要更广阔的视野，更多地关心企业的发展趋势，有能力并且愿意带领一个团队不断挑战自己。

SWOT 矩阵的创始人，美国旧金山大学国际管理和行为科学教授海因茨・韦里克曾说过："好的领导者是站在企业的角度想问题，立足自己的岗位做事情。"站立的高度不同，所采取的行动也不同。

当前国内很多企业中，中基层管理者拥有了较多的资源和权力，但是他们依然根深蒂固地保持着服从、执行上级的决策方案，老总让做什么就做什么，没能完全发挥出应有的作用。

上级不会面对细节，在日常管理中有很多需要提升和改进的地方，这就要求中基层管理者从实践中自发地去补足、去提高。不能只提出问题，还要看出深层次的机理，提出解决问题的方案。

所以，对中基层管理者来说，必须开阔视野、胸怀全局，既能帮助员工认清工作中面临的障碍和形势，又能提出供领导决策的解决方案。

把员工视为伙伴，并给予指导

作为一位领导者，应该为团队中的每一个人都指明方向，而不是只下命令。

当管理人员发布命令时，员工只知其然，不知其所以然，有时就会忽略一些细节，甚至造成无法达成目标。而如果管理人员把员工视为自己的伙伴，让每一位员工都能深刻了解团队目标的意义时，他们的工作就带上了责任感与使命感，他们会以自己最清楚、最拿手的方案去完成目标，这样工作的效率也最高。

如果管理人员只是把员工当作达成目标的工具，不考虑员工的喜怒哀乐、个人情绪，那么员工对你也没有任何交情和感情，工作再忙，部门压力再大，哪怕是订单压到了头上，员工该下班照样下班，上班还是照样说笑。如果安排加班，哪怕是一分钟，员工也会不情不愿，其效率可想而知。

你把员工当作工具，那么员工就会自觉定位成"工具"，拨一拨动一动，不拨不动。有的管理人员甚至扬言："工人多得是，反正我有钱，到处都可以请得到人。"在这种充满负面情绪的团队里，员工的感受一定很不好，其工作氛围是压抑的，工作效率是低下的。

作为一位领导者，要把员工视为自己的伙伴。充分了解每一个人的需求和想法，并尊重他们。领导者还要及时指导员工，给予他们发展个人特长的机会，给予他们一定的空间去自主发挥，尽自己所能为员工提供资源帮助他们成长。

领导者帮助每一位员工实现个人的价值，充分调动员工的积极性，视员工为最大的财富，这一系列的想法和措施都会使得整个团队充满动力，即使在面对困境时也能够不懈地奋斗，迎接挑战。

2. 修炼非权力性领导力：让员工自觉追随你

权力和权威有什么不同？权力，是指因职权而产生的支配力量，是管理者凭借自身的职权对下属的一种约束。在团队里，管理者被赋予了一定范围的职权，部门成员需要听从管理者的安排。

权威，则是指人们对权力拥有者的一种自愿的服从和支持，是管理者凭借自己的品质、作风、处世、格局、业务等，对下属产生影响，使下属自发地服从和支持管理者。

二者的区别在于，前者强调的是地位和身份的背景，后者却淡化地位。员工可能服从权力却不等于认同权力。有的人没有权力，却在部门内具有一定的权威。权力，是自上而下所授予的支配力量，权威却是由下而上的认可力量。

“权力”和“权威”，孰重孰轻？

在《论语·为政》的记录中，孔子很好地解释了权力和权威的关系：“道之以政，齐之以刑，民免而无耻；道之以德，齐之以礼，有耻且格。”意思就是说，用政令来治理百姓，用刑法来整顿他们，老百姓只求能免于犯罪受惩罚，却没有廉耻之心；用道德引导百姓，用礼制去同化他们，百姓不仅会有羞耻之心，而且有归服之心。

孔子主张用道德和礼制去感化百姓，而反对用行政手段及刑罚来管理百姓。推而广之，用在企业管理上，道理也是相通的。只采用行政手段，不如采用领导魅力、塑造权威来潜移默化地培养员工。

所以“权力”和“权威”虽然是相辅相承的，但“权威”的塑造更重于权力的使用。

权力是必要的，权力能保证管理有效，每位管理者都会有这种权力，它带有一定的强迫性，不可抗拒，以压力、薪酬、激励等形式来发生作用。但是，在一些消极的团队里，很多管理者只知道自己有权支配部门员工，并不考虑员工的感受，有的管理者甚至滥用权力，这往往会给员工带来抵触情绪，从而影响团队的效率。

郑经理在公司里工作了十多年，在资历方面算是比较老了。他从进公司起，就严格遵守上下级关系，等到去年自己当上了部门经理，更是喜欢听话的员工。他的口头禅就是："你是经理，我是经理？怎么就不听话呢？""听我的，这事我说了算！"

他喜欢员工按部就班地工作，如果遇到跟他争论或者与他顶嘴的员工，他的法宝就是"扣钱""降职"，甚至把员工退回到人力资源部。在这种管理方式下，部门员工很少与他产生正面冲突，所以郑经理经常沾沾自喜地对别人说："我的地盘我做主！"确实，在部门里，他具有绝对的权威，说一不二。

但好景不长，最近一段时间，郑经理发现自己的权力受到了挑战。部门里新来的两名"85后"员工总是对他的管理方式表达不满，有几次质疑郑经理任务下达的正确性，让他烦不胜烦。他偶尔还听过员工背地里议论他，认为他"拿着鸡毛当令箭"，当一点点小官儿就目中无人了。

虽然现在他下达的任务还是能完成，但总是不那么顺畅。同时，在公司级会议上，郑经理发现自己那一套也不起作用。在平级的经理中，他的会议讲话好像没什么分量，其他部门经理对他不太买账，因为彼此之间也没有职权约束关系，郑经理对平级沟通的困难也没有办法。

到底该怎么运用自己的权力呢？为什么自己的权力有时好像失灵了？那究竟该如何进行管理呢？在一次讲课后，郑经理带着自己的困惑来问我。"'领导力'不就是我领导他们的权力吗？为什么他们表面上听我的，背地里又是一套？在部门里我是老大，说话有分量，但是有些事情我顾及不到，他们就抓住我的漏洞大肆攻击，这以后我该怎么当领导啊？"

从这个案例中我们看出，郑经理靠的是权力性领导方式，但是他在权威，也就是非权力性领导方式方面却很勉强。在郑经理的这种领导方式下，虽然他靠权限让下属服从，但传达给下属的是一种被动的压力。下属被动工作，带有一种不情愿，是一种负面力量。这种领导方式的作用是极为有限的，绝对不能持久。

在一个优秀团队中，管理者更应该注重打造自己的非权力性领导方式，靠管理者自身的知识、品德、格局等各种因素对员工产生影响，使员工自觉追随管理者。这种领导力一般是由于员工钦佩管理者而不由自主地受其影响，从而主动去达成目标。虽然非权力领导方式缺少处罚手段，没有明显的约束力，但实际上它更为权威，其力度更为深远。

管理者如果不具备让人钦佩的品质、知识，不能以身作则，那么即使是行使职权，也不会带来好的效果。

非权力领导方式更是一种无形中的威信。说实话，人们天生有追随优秀人才的习惯，人人都喜欢围绕在一个有威信、受人尊重的人周围，跟随他，听从他，而不乐意听从一个没有威信的人的命令。

当管理者只注意自己在部门里的职权时，往往就会盛气凌人、颐指气使，下属即便是听从管理，也只会是口服心不服，暂时敷衍屈从，心底却暗生怨恨之意，给团队带来负面影响。

如果一位团队领导不但专业知识深厚，而且品德高尚，处处以身作则，为人表率，在工作中做出许多成绩，那么大家就会对他心服口服，他的一言一行就容易为下属所接受，他所做出的决定也往往会获得下属的支持和拥护。这种归属和接受不是强制性的，而是由衷的、自觉的、心甘情愿的。

对于一个管理者来说，要用好自己的权力，同时也要打造好非权力领导能力，努力修炼内功，展现领导魅力，让员工心甘情愿地追随自己，向着共同的目标努力。

那么，如何打造非权力领导方式呢？

修炼自己的品格

古语道，“以德服众，以德治众”，对于管理者来说，优良的品德是非常重要的，如善良、宽容、乐观、淡泊、内敛、坚忍、勇敢、沉着，等等。

这些优良的品德会使管理者产生巨大的影响力，使人对他产生敬爱之情，吸引员工，促使他们去模仿、追随。无论多么出色的管理者，倘若在品格上出了问题，那么他的权威会荡然无存。有时，员工对于管理者素质不够，如能力、知识、经验等欠缺是可以接受的，但如果管理者品德低下，那么员工是不愿追随的。

如果一位管理者在公开场合讲得头头是道，而私下里却品行不端、搞小动作、心胸狭窄，那么员工对他往往只有表面服从，内心却是反感的。人们最讨厌的就是言行不一、表里不一的管理者。

因此，管理者要十分注意培养自己的品格，提高自己的权威性。

业务能力要强

工作中需要解决的是一系列的专业问题，如果一位管理者在自己的专业领域内具有扎实的理论基础和丰富的技术经验，那么就很轻易地在员工中形成权威。知识会赋予管理者强大的底气。

当管理者具有专业权威时，他可以充当解决实际问题的专家。试想，当员工遇到困难时，部门经理三下五除二就分析出问题所在并给员工指出解决的思路，那么员工对于管理者肯定在心理上很认可。

反之，如果管理者缺乏专业知识，当员工遇到问题时，管理者也一筹莫展，只能求助于部门外专家或资深员工，那么员工就会认为管理者“不见得比员工高明、肚子里没货”，那么员工为什么要听从管理者的意见呢？这样的事情一而再，再而三地发生之后，即便是管理者道德高尚，其专业性权威也会大大下降。

如果部门经理只能负责行政管理工作，没有专业知识作为后盾的话，除了应用权力外，往往很难树立起其他的权威。所以，作为管理者，一定要努力提高自身的业务水平。

思路和能力

作为管理者，还要注意培养思考能力和多角度看问题的能力。

人们容易钦佩一些有独到见解的人，这些人具有自己独特的思维模式和对事情认识的理念，对复杂问题往往能够先人一招，准确判断。

另外，一个有才能的领导会给工作群体带来成功的希望，使人们对他产生一种敬佩感。敬佩感是一种心理磁石，会吸引人们自觉去追随领导，追随权威。

有些企业中的确存在一些能力不符合要求的管理者。他们名不副实，处理事务慢腾腾，往往不能按时完成计划，缺乏判断能力，经常做出错误的决定。在这种情况下，下属往往会产生抵触情绪，不愿听从管理者的派遣、指挥。

能力的培养不可能一蹴而就，要经得起磨炼。当别人看到你思路清晰、能力超群时，他们看不到你为之付出的努力。身为管理者，如果你多听、多想、多学、多用，付出比别人多的汗水，那么一定有助于提高你在团队内的权威性。

3. 具备全方位影响力，魅力四射

影响力，一般是指能够改变他人思想和行动的能力。对于一位管理者来说，影响力就是能够在日常管理工作中有效地影响和改变下属，使其符合团队目标。

在团队里，管理者为了达成公司设定的任务目标，必须采用各种方法来激励下属，让他们调整自己的工作、态度、心理。可想而知，在一个高效率的部门里，管理者必须有一定的影响力。我发现，决定一名管理者是否优秀的因素中，他的影响力起着举足轻重的作用。

有不少企业的领导者，他们自信、上进，有着具有良好逻辑性的谈吐，分析能力精到，让人在不知不觉中折服于他们，被他们的思路所影响。有的学者甚至提出“领导力就是影响力”，可见对于一位管理者来说，必须要具备能够影响别人的能力。

我早年读过古典小说《水浒传》，很多故事情节都记不太清了，但是关于宋江的几个小情节却记得一清二楚。宋江是一个小小的郓城县押司，当他在因杀人而逃跑、充军的路上时，遇到过不少剪径的强人。有时甚至尖刀马上就要刺破他的胸膛，他只要闭上眼睛长叹一声：“可怜我宋江，竟命丧于此！”这些强人、好汉马上“纳头就拜”，口称“哥哥”，可见其影响力不容小觑。

虽然他的外貌并不出众（又黑又矮），武艺也不精通，似乎也没什么智谋，但是当晁盖去世后，他的影响力居然盖过了活捉了史文恭的卢俊义，最后当上了山寨之主。可见，有时影响力比实力还重要。

影响力不是权力，但管理者一定要具备全方位的影响力。

很多管理者发现，仅在自己部门里具有影响力是不行的。公司的等级制度日渐扁平化，各部门之间的壁垒不断消除，而部门之间的合作大大加强。管理人员更多地是在跟“同事们”打交道，而不是跟“下属们”打交道。有时，为了应付随时有变化的客户，公司还会以“项目组”的方式组织跨部门团队。在这种临时性的团队里，上下级的界限并不明显，或者根本就不存在。

杨经理是一位 IT 行业的研发经理。他主要负责某个平台软件产品的研发工作，手下大约有十名员工，他们的工作也是针对这个软件的架构、编程、升级、接口等内容。杨经理相当熟悉这块儿业务以及自己部门的下属，不管出现什么问题，杨经理总能合理安排下属，用最快的速度解决。上级对杨经理很认可，杨经理对自己在部门里的地位及影响力也很满意。

但是最近，杨经理开始烦恼了。公司接了一个大项目，需要在原来的产品基础上，把几个产品的功能有机地组合在一起。为了顺利地完成这个项目，公司组织了一个跨部门的小组，由杨经理来负责。他突然发现自己的工作变得前所未有地困难。项目组里只有两名自己的下属，其他几人虽然名义上是在这个项目小组里，但他们的直接上级却是其他不同部门的。

在刚开始合作时，其他部门的员工并不了解杨经理的工作方式，与他也没有合作上的默契，再加上每个人手头上还有一部分原来的工作，相当于两头兼职。这造成杨经理的进度控制非常困难。他发现自己的影响力变小了，他无法像以前一样简明扼要地下达任务，而是增加了许多说服、商量甚至谈判妥协的工作。项目组内的其他员工对杨经理并不买账，甚至为了一个小小的意图，杨经理都要耗费大量的时间和精力去和每一位项目组成员沟通。

像杨经理这样的案例并不少见。很多公司采取项目制的管理方式，通过分权消减中间管理层，就具体项目、产品或者服务来组成新型的组织，有时甚至以项目制为主要组织结构模式，不再设立独立的部门承担单一的职能。这种局面的出现，意味着管理者需要扩大自己的影响力，视跨部门的员工为合作伙伴，要能迅速建立起共同的团队责任感，以协作成功为目标，提高工作效率。

在这样的管理模式下，管理者与平级管理者、管理者与其他部门的员工、管理者与自己团队内部，都会发生密切的联系。它对于相互信任、相互依存的要求非常大，考验了每一位管理者的影响力范围。每一位管理者都不能仅满足本部门内的影响力，而应该修炼自己的内功，展现全方位的影响力，让员工心甘情愿地追随自己，向着共同的目标努力。

如何打造自己的全方位影响力呢？

出色的语言沟通能力

“影响力”这个词如果拆开来看，“影”字的意思是身影，具有“以身作则”“身教”的含义；而“响”字的意思带有声音，具有“言传”的含义。

所以说，打造影响力离不开出色的语言沟通能力，甚至有人认为，最有影响的经理人是那种具有高度沟通能力的人。

语言沟通能力有很多种，包括与员工的直接交谈，或是运用各种技巧的说服方式，或是幽默的沟通风格，都可以让听者理解你的意思，并主动、友善地完成你的期望。

但在这一节里，我重点提到的语言沟通能力则是指公众演讲能力。

再好的员工交谈技巧，每次交谈的对象也只限少数几人，如果想让所有的员工都能理解你的想法，最好的办法是通过一对多的公众演说方式来表达自己的意愿，说明部门的愿景，赢得大家的赞同和支持。

作为一名管理者，为了扩大自己的影响力，一定要有意识地培训自己的演说能力。一位经理人在讲台上的表现会影响到他的观点是否被人接受。如果你在主持会议时结结巴巴，或是面对众人发表演说时吞吞吐吐、颠三倒四，没有条理，往往无法让下属领会你的意思，更无法影响下属。

你可以通过阅读演讲方面的书籍、杂志来掌握基本演讲知识，并有意识地通过各种公开场合的意见发表来训练自己，以提高自己的影响力。

传递积极热情的信息

每个员工都在积极工作，每位员工也都能在工作中获得乐趣，这就是一个优秀的团队，这样的团队的管理者向团队成员传递的信息必然是积极的、热情的、上进的。

假如一位经理每天早晨见到员工，都微笑着用富有感染力的声音打招呼：“早上好！”可能第一天员工还不太适应，会有些不习惯。但是等到第三天，当经理向员工打招呼时，就会有员工反客为主，主动向经理问好了。这种情况百试百灵。它说明只要你有足够的热情，你周围的人就会受到你的感染。热情是发自内心的一种情绪，热情的人会将它表现在眼睛里、行动上。

首先，对事物保持热情的人一般都会比较专注，工作的效率和质量都会比别人好，行动力也比别人强。

其次，大多数人在心理上都希望自己受到别人的重视。当你表现出热情，也表现出对别人感兴趣时，别人会反过来对你感兴趣，最后听从你的意见。

记住，在一个积极热情的人面前，人们很难保持冷漠的态度。当管理者的乐观、希望、信心能够传递到整个团队时，管理者的影响力便不断上升。

乐于助人

“锦上添花”不如“雪中送炭”。在别人需要帮助的时候伸出援手，乐于助人也是打造自己影响力的重要途径。

孟尝君是战国四公子之一，他的好客天下闻名。即便是现在，如果有人交友广阔、热心帮助别人，也会被人誉为“小孟尝”，其影响力持续了2000多年。“焚券市义”的故事从一个侧面揭示了孟尝君的影响力的由来。

有一次门客冯煖到孟尝君的封地去收债，看到百姓无力偿还，冯煖索性把所有的债券当众烧毁，当地百姓无不感恩戴德。后来孟尝君被齐王革去相位，退回到自己的封地。当他回到封地时，百姓出城十里相迎。消息传回京城，齐王深悔，重新委任孟尝君为相。对孟尝君来说，当百姓无力还债时，他伸出了援手，虽然自己也损失了一些金钱，但收获的影响力不可用金钱估量。

管理者手中会有一些资源，远远比普通员工丰富。当管理者发现本部门成员或是其他部门的人需要帮助时，施以援手无疑会给员工留下良好的印象，从而提升自己的影响力。

提供给下属或别人有价值的东西，日复一日，你的影响力就在点滴中增强。

建立自己的人际网络

人脉资源是非常重要的。每个人都是人际网络上的一个节点，你的人际网络越宽广，你的影响力也就越大。

作为一位管理者，不仅需要在部门内具有良好的人脉关系，还应该扩展自己的人脉圈，到兄弟部门，到高层领导，还需要拓展与客户之间的私人关系，甚至与同行、竞争对手的私人关系。

管理者需要下属的服从，也需要公司其他同事的合作。认真分析，逐个突破，有意识地培养自己的人脉网络，在公司内部建立起一个良好的互动圈，与你所需要依赖、合作的人建立良好的关系。

管理者还需要与公司以外的人合作。比如说，建立良好的客户关系，有助于管理者对他人施加影响。当你通过客户的渠道委婉地表达出自己的建议时，则会更容易使公司领导及员工接受。再比如有些企业的管理者，如果与媒体建立了良好的关系，那么也可以借力影响舆论，提高自己的影响力。

还有，管理者如果人际交往广泛，那么员工、同事就会感觉你是一位“达人”，各行各业都有朋友，对你的评价无形中就会提高，你在企业中的影响力也会提高。

建立和维护人脉网络，需要花费一定的时间和精力，最好在真正需要它们

之前就开始建立。在建立人脉圈时，要发挥自己的个人魅力，使自己的能力得到朋友们的认可和承认，建立互信。这样，在重大任务和决策时才能赢得人脉上的支持。

4. 营造个人气质，传递向上的力量

积极、乐观、健康、自信、自律的人带有正面的磁场，悲观、焦虑、忧愁、体弱、绝望、恐惧、灰心的人则刚好相反。这些能量场影响自己，也影响身边的人。

管理者站得高，其一言一行都会影响到整个团队，所以一定要营造出积极、上进的影响力，这样才能带出好团队。

管理者的个人形象包括容貌、衣饰、气质等方面，往往在团队的建设中起着举足轻重的作用。

有的管理者衣饰整洁，其管理的部门看上去也有条不紊；有的管理者不修边幅，其部门到处一片乱糟糟。

有的管理者无论出现在哪里都光芒四射，有的管理人员却总是没精打采、目光闪躲，看上去萎靡不振的样子。

有的管理者凭借其自身的光环对从未谋面的陌生人都能产生巨大的震慑与影响，有的管理人员即使在熟人中间也宛如空气一般被直接过滤掉。

…………

要知道，管理者的个人形象价值千金。如果一位部门经理形象不佳，给人的第一印象分数不高，往往会影响到他的领导力，在处理各方面关系、业务上面也会给他带来困扰。

20世纪90年代，有一些公司开始把生意做到了香港。但是，由于这些老板习惯了国内的氛围，对外表、服饰不太讲究，个人形象也比较土气，所以被香港人戏称为“表叔”。据说，表叔有三个特征：胸襟上别一支钢笔；西服袖口上的牌子不摘；领带、衬衫、袜子不协调。

当时，某实力雄厚的内地公司进入香港市场，总经理首次在香港宴请客人，选在了具有百年历史的半岛酒店。宴请的客人都是香港的商界名流，衣香鬓影、珠光宝气，人人都是那么举止有礼，服饰得体。相映之下，这位总经理一身乡镇企业的西装，与环境格格不入，这让他不由得自惭形秽。那里的侍者见惯了豪门贵客，对这位“表叔”老总也略有怠慢，一场商务聚会中夹杂着一丝不和谐的尴尬和难堪。

作为一位管理者，对外要负责商务交往，对内要协调部门的人际往来，在这些场合和工作过程中，个人形象的作用是无法用金钱来衡量的。如果你形象不佳，合作伙伴很可能会直接将你拒之门外，部门员工也会认为你不像一位“领导”，从而在服从节拍上有所迟缓。

我以前曾经去考察公司的供应商，其中有一家乡镇小厂。他们的元件产品质量和精度还算是不错的，但是我们在走访时发现厂长实在是太不修边幅了。且不说皱巴巴的T恤、松垮的长裤，只看脸上，就觉得胡子拉碴，如果再拿把芭蕉扇，看上去和大树下乘凉的大爷没什么区别。他的办公桌上也是乱七八糟，各种报表、文件、笔、纸都混在一起。

而生产线上的员工看上去也是没精打采的，整个厂里就给人一种萎靡不振的感觉。从这个厂出来后，我认为虽然这个厂的产品质量还过得去，但是由于厂长的个人形象太糟糕了，没有条理、不精干，我认为这也会影响到员工对产品质量的要求，很有可能员工也会处于一种“无所谓”“大差不差就行了”的状态，所以考察以后，我们公司逐渐减少了与该厂的合作。过了两年，听说该厂的状况变得很差。

管理者一定要学习修炼自己的形象和气场，这对于事业有无可估量的帮助。一个人连自己的外在表现都管理不好，别人又怎么能信服你能管理好千头万绪的日常事务呢？每天上班，看到一位衣着得体、整洁大方的经理，会提升整个部门的战斗力，员工们也会感觉到身心舒畅；反之，如果看到一位衣着随意、不修边幅的经理，员工心里就会降低对自己的要求。

形象并不只是容貌，而是包括衣饰、动作、神态、目光等等。容貌、身高是天生的，但是其他方面都是可以后天修炼的。

管理者的形象由多方面组成，如动作、表情、语调以及衣着打扮、仪表姿势等，这些帮助管理者传达出独特的领导力和影响力，有时甚至成为管理者独特的身份符号。像任何一门学问一样，形象管理并不需要天赋，只是在学校里很少见到相关的课程，MBA 的教室里也学不到如何打造完美形象。但这些并不高深，完全可以通过练习获得。

如何修炼管理者的完美形象和气质呢？

首先，一定要认可“形象价值千金”。有很多管理者不是做不到，经济实力也没问题，但看上去就是形象不好，这是因为他们没有把自己的形象重要性提升到一个高度来认识。

“目标决定成败”，在形象管理上也是一样。如果你在心里对自己的形象不当回事，投射在外在形象上，就是不修边幅。而如果你认识到管理者的形象举足轻重，那么在日常生活和工作中就会不由自主地注意自己的发型、服饰、举手投足、说话仪态。

所以，当你开始自发地注意仪表时，你才能踏出修炼形象和气质的第一步。

形象要适合自己的身份、场合

在商务场合，如与用户谈判、开会等，应该穿着比较庄重的服饰。男士可以选择颜色比较稳重的西装，女士可以选择套装。这样给别人的感觉就是非常正式和专业的，你的形象就是一张无形的名片。

在公司上班时，如果没有外出活动，管理者的形象要与公司的企业文化相吻合。如果企业比较正统，希望员工衣着正式，那么管理者要做好带头作用，选择穿着正装，对落实企业文化起到上传下达的作用。如果企业的氛围比较宽松，那么管理者也可把这种氛围体现到自己的服饰上。但是，即便是轻松着装，也不意味着松垮随意。

在休闲场合，比如说公司年会、外出活动等，这时管理者也要穿上与活动相吻合的服装。

除了要注意场合的适配度外，还需要注意身份的适配度。比如和总经理在一起时，总经理的服装大方、庄重，但不是名牌，你就不要全套名牌西装，手腕上再戴一只十几万的表。这就不合适了。

与员工一起外出时，如果不注意形象，说不定别人会错以为你是跟班，而员工是领导，那就尴尬了。你的衣着打扮要比员工沉稳、成熟，再加上管理者自身所散发出的自信、气质，这样的形象才是合适的。

注意细节

有一位美国总统的礼仪顾问曾经这样说过：“当你走进一个房间，即使房间里没人认识你，或者只是跟你有一面之缘，他们却可以从你的外表对你做出以下 10 个方面的推断：1. 经济水平。2. 受教育程度。3. 可信任程度。4. 社会地位。5. 个人品行。6. 成熟度。7. 家族经济地位。8. 家族社会地位。9. 家庭教养情况。10. 是否是成功人士。”

为什么只有一面之缘，甚至还没有开口说话，别人就可以对你做出这么多的判断？因为细节。虽然没有任何交往，但是你的说话声音、走路姿态、小饰品，甚至手指甲的形状都会让人联想到你的生活状态和性格。

细节最真实，也最容易打动人。一位高级经理，即便形象一流，头发一丝不乱，外套光鲜、挺括，但是从口袋里掏出来一支印有餐饮品牌广告的塑料笔，那么形象分一下子就会下降很多。“群众的眼睛是雪亮的”，由于这些你没注意到的细节，你会被人贴上各种标签，是“成功”“权威”，还是“貌似成功”“貌似权威”。

细节包括身上的“附件”与“配饰物”——手机、钱包、腰带、钥匙扣、剃须刀、皮包、钢笔、笔记本、信笺、电脑、眼镜、手套、水杯……这些小玩意儿无时无刻不在传递着你的信息。

细节还包括你的举止。所谓“站有站相，坐有坐相”，管理者也要时时注意收腹挺胸，站立时切忌东倒西歪、耸肩驼背。还有一些不自信的小动作也要戒掉，如双手交叉放在胸前，说话不敢看人，无意识地摆弄一些小物件，等等。

5. 提升心理强度，打造坚韧领导力

在一个团队里，管理者应该是所有员工的坚强后盾，无论遇到什么情况，都应该表现出一种泰山压顶面不改色的强大心理态势。

有些管理者心理脆弱，容易表现出经不起事、受不住打击、耐不住挫折等弱点。如果管理者的内心建设不足，神经脆弱，就容易引发更大的问题，在员工的内心也会投下阴影，给团队带来负面影响。正如带领军队冲锋陷阵一样，而行军打仗中，士兵怕死，那是自然的，但倘若连将帅都怕死，那么这场仗就压根儿不能打了。将领怕事儿，军心就会不稳，军心不稳，战斗力就无法发挥和表现，最终导致失败。

一个性格懦弱、胆小怕事、缺乏主见的管理者无法让员工信服，也不能管理好下属。小陈原来在一个集团公司里，担任集团一位副总裁的秘书。在日常工作过程中，副总裁发现小陈心思缜密，做事可靠，很有培养前途，于是就派他到一个分公司里任经理。让小陈到基层去担任管理岗位，也是希望他能够在基层多加锻炼，独当一面，在以后能得到进一步提升，成为集团公司的储备干部。

说实话，小陈的工作能力和业务水平还是不错的，但是他毕竟没有管理经验，平时跟着副总裁也没做过什么决断，习惯于听指挥。有一次，公司里出了一个意外，由于小陈的部门的工作失误而造成大量的产品质量问题，如果不及时处理失误的话，公司的损失不可估量。小陈原本正在办公室里悠闲地写工作总结，员工第一时间把失误向小陈的汇报，他听到消息时，一下子就慌了。

“怎么办？”十多万元一眨眼就没了，这么大的事情该怎么处理？能逃避过去吗？老总要是听到这个消息，会不会怪罪自己？自己的前途会被这个事件影响

吗？他不由得着急起来，在办公室里踱来踱去，一筹莫展。最后，还是一位老员工凭借自己的经验和技术及时找到了失误点，才解决了这个问题，止住了损失。其实类似的事情几年以前也发生过，只要处理及时，损失可以减少到最小。

经过这次事件后，部门里的员工们感觉到经理无法依靠，他们认为，又不是天塌下来了，只要沉着冷静，事情完全可以控制到损失最小。但正是小陈的不淡定，才让局势扩大。员工们无法接受这样的领导，公司也认为小陈性格懦弱，遇事不镇定，不适合担任管理岗位。

作为一位管理者，日常生活中每天、每时、每刻都会遇到很多不顺心的事情，所以心理承受能力也是领导力的重要组成部分。如果心理脆弱，往往会绕着困难走，回避问题，回避矛盾，但是这样并不能真正解决问题，只会给员工带来不好的影响，让团队也学会集体回避问题和矛盾。这样的团队往往缺乏奋斗精神，效率低下。

对于管理者来说，这一生必然要过几道硬坎儿，如果每一个硬坎儿你都回避，那你会永远把自己圈在一个圈子里。梅花香自苦寒来，不经历风雨，怎么见彩虹？只有提升自己的心理强度，挺过一道道难关，才能把自己磨炼到一个新的境界，遇山开山，遇水搭桥，见到困难迎头赶上，不放弃，不抛弃，这样才能在员工中树立威信，带出积极向上的一流团队。

市面上有很多谈心理建设的书，在如今这个竞争社会，人人都需要拥有一颗强大的内心，管理者遇到的压力、磨难更多，所以也更需要具有遇事不慌、临危不惧的王者风范。

著名企业家卓达集团董事长杨卓舒先生曾在《企业家——现代社会之魂》等文中这样写道：

“正经办企业，炼狱一般。如果我把我的辛苦历程讲出来，没有一个人再愿意干的，这是活遭罪。遭罪到什么程度是你所想象不到的，天天生气，天天着急，天天都有不愉快的事情。如果不是我这种性格，一般熬不下来，早崩溃了。”

杨先生为什么会有如此感慨？相信每一名担任过管理岗位的领导者都或多或

少理解，因为一位领导者：

需要有足够的度量忍受自己无法改变的事情，而不能轻易流露出自己的不满和退缩。

需要有坚强的毅力去改变自己可以改变的现实。作为团队的带头者，要绞尽脑汁地采取各种手段，去团结团队里的每一股力量，用百折不挠的坚定毅力努力完成团队的目标。

需要有超强的智慧去辨别并抓住稍纵即逝的机会。领导掌握着部下没有掌握的信息与资源，当有机会出现的时候，好的领导有责任提前觉察，集中自己和团队的智慧与力量，及时抓住稍纵即逝的机会，一旦错过悔之晚矣。

需要经常性承担沉重工作带来的精神压力，在完成目标的过程中，必须有超强的抗打击能力。

必须能承受旁人无法承受的各种委屈，甚至承受无处诉苦，高处不胜寒的彻底孤独。

需要时刻具备“众人皆醉我独醒”的清晰意识和前瞻力，为组织、团队指明清晰的方向。

…………

当然，不同管理者的工作内容、经历、行业不同，但这些情形几乎是他们日常工作的全部，那些巨大的压力会如影随形地伴随他们。管理者带领着自己的团队，有一片需要自己承担责任的天地，所面临的考验是大大迥异于普通员工的，这绝对需要具备相当强的心理素质，做一名内心强大的人。

如何锻炼心理承受能力呢？

要有强烈的使命感

一个没有使命感的管理者往往会被困难打倒。因为他缺少远大志向，缺少自信心，畏惧困难。优秀的管理者有着强烈的使命感，他会把团队的兴亡与个人的命运紧紧地联系在一起。“天下兴亡，匹夫有责”的心理让管理者不仅自己具有为使命而献身的崇高精神，而且能够带动下属也产生这样的使命感。有了这种使命感，领导者就会勇于承担一切后果，尊崇勇气和胆量，对未来充满希望和信心。

强烈的使命感还会使管理者从内心深处感到团队需要自己，自己也有能力为团队做出贡献，这种感觉会让他的身体里产生一种内驱力，战胜事业发展道路上的一个个拦路虎，从而推动他克服一个又一个困难，解决一个又一个问题。

要有意识地做一位强者

狭路相逢勇者胜。物竞天择，适者生存，动物世界的生存法则也在很大程度上影响着人类，社会生活已经把强者思维深深地烙进了人们的心里，很多人都有以成败论英雄的思维，非常看重输赢，争做强者。

既然能从竞争中脱颖而出，管理者本身就是普通人中的强者。部门的工作要求、业绩目标这些硬性指标也要求管理者成为强者，对部门所负有的责任也使管理者无法退缩。部门员工一旦遇到困难，首先想到的就是向领导求助，如果这时管理者没有强者的姿态，员工就会更加受挫。所以要有意识地做一位强者，哪怕心里没底，也要表现得“胸有成竹”。

管理者的一举一动都会影响下属的选择。一只羊会让自己的下属都变成羊，而一只狼则会让自己的下属都变成狼。要想带出一个强有力的团队，团队带头人首先就要做一名强者。

但需要注意的是，强者思维并不排斥虚心与妥协，这一点尤其需要那些推崇强者思维的管理者注意。强者，并不一定是那些从来说一不二的人，也不是那些僵硬不知变通的人。恰恰相反，一个人越是能够否定自己，越是有强者的秉性和思维。就像一个企业家所说：“我权威，因为我正确；我正确，因为我见错就改，我该虚心时虚心，该妥协时妥协。”

承受挫折，扛住困境

管理者要具备勇于面对复杂局面、承担失败的心理素质。有句话说："抱最大的希望，尽最大的努力，做最坏的打算。"

当我们已经具备了"抱最大的希望，尽最大的努力"的心理，也一定不要忘了"做最坏的打算"。比如，你做任何一件事情之前首先要考虑好，如果这件事情全部弄砸了，对你会造成怎样的影响？你是否能够承受最坏的结果？

管理者不能害怕困境。俗话说，逆境出人才，甚至有人把面对逆境时的表现称为"逆商"。逆商高的人才是合格的管理者。孟子曾说，"故天将降大任于斯人也，必先苦其心志，劳其筋骨，饿其体肤，空乏其身"，也是这个道理。

在人生低谷、承受巨大压力时，不妨常想想孟子的这几句话。有时咬紧牙关挺过最难熬的一段，等到风平浪静回首遥望时，就会明白以前的煎熬值不值。只有走出来的人才能体会这种成长的快乐。

6. 拥有大格局，倾听不同声音

企业是由各个部门组成的，在有些企业里，部门之间各自为政，每个部门只关心自己的一亩三分地，这种表现会严重影响整个公司的效率和成本。

美国一家铁路公司，曾经出现过一个贻笑大方的事情。公司每年都要花费一大笔费用给车站的洗手间更换新的门。会计部主管不明白这笔钱怎么花出去的，经过了解才发现，原来是由于部门间各自为政，只从自己的角度出发考虑问题，造成了成本的浪费：

清洁部的人为了降低工作频率，要求给洗手间加锁，以免使用人员过多，来不及清洁。加锁后，就需要配钥匙，财务主管认为应该节约，每个锁配一把钥匙就够了。唯一的钥匙在售票员手里，当有人不归还时，为了别的乘客用，售票员不得不毁掉洗手间的门，从而造成更大的浪费。因为，对售票员来说，配钥匙属于“成本预算”，需要上级部门审批，而修门则属于“维修资金”，属于车站自身的审批权限，容易获得批准。

就这样，每个部门都用自己认为正确的方式解决问题，却给公司整体带来损失。只要有任何一个部门跳出这个怪圈，站在公司的角度看问题，就不会出现这种荒唐的事情了。

当然，像这家公司这样运行出如此闹剧的企业并不多，但是每个企业内可能都会遇到一些局部利益与整体利益相抵触的情况。

“屁股决定脑袋”，管理者往往会被自己的位置局限了眼界、判断及价值取向。这种本位主义使管理者的眼界过小，听不进不同的建议和意见，在实施决策和处理事务时会犯下以偏概全、格局过小的毛病。

立场不同、所处环境不同的两个人，是很难了解对方的真实感受的。还是那句话“事情没有对错，只是立场不同”，如果能换一个角度，站到对方的立场，也许就能更好地体谅对方，包容对方、进而去融合对方。

举个我自己开车的例子。当我自己开车时，绿灯亮，还有一些行人没有过完马路，这时我会暗暗地埋怨行人不遵守交通规则，影响了汽车的通行权，有时我不得不猛踩刹车时，也会怨恨那些慢条斯理的行人。而当我作为一名行人时，想法却完全不同了，步行通过十字路口时，我很讨厌那些绿灯一亮就按喇叭催促的汽车，觉得机动车在面对弱势的行人时，应给予足够的宽容。

这两种不同的心理感受，都是因为立场不同，所以得出的结论完全不同。如果有一颗宽容的心，那么不管是在开车还是在步行，都会安之若素，平静对待。管理者也是一样，在工作中站在不同的利益离场，就会有不同的想法。只有在各种纷杂的现象中最大限度地理解不同的出发点，站在高处，才能做出正确的决策。这就需要包容不同的意见，有宽大的胸怀和格局。

管理者在工作中需要尽可能多的信息和建议，这不仅仅是出于包容的需要。任何事件都有正反两方面的意见和多个视角，片面的意见会造成信息的不完整，从而对决策产生不良影响，同时也剥夺了站在其他角度持不同观点的人的发言权，也会在无形中削弱自己的包容力。

管理者应该勇于跳出自我，不局限于自己的一亩三分地，放大自己的眼界，冲出惯性思维和固有行为模式的束缚，从不同的立场和观点出发，做到兼容并包。看得远了，自己部门内的小冲突、小格局就不再是问题，与其他部门之间的利益冲突变得容易解决了，不同的立场也就不那么难以理解了。

曾国藩说过：“谋大事者首重格局。”管理者的格局扩大，哪怕表面看上去平平凡凡，却胸有沟壑，从思路、气魄方面征服了自己的团队。

在日常工作中，需要时时注意磨炼，放大自己的格局。

以包容的态度面对不同声音

在日常工作中，需要管理者具有包容的态度。

当出现反对意见时，那些包容力较差的管理者一般会采取四种对策：

其一，心不在焉。管理者在与其他部门平级沟通时，顾左右而言他，没有看到问题的实质。或者在听取员工意见时抱不以为然的态度，这对员工的情绪有着很大的负面影响。

其二，仓促表态。有的管理者在听取不同意见时，喜欢当场仓促表态。这是个非常不好的习惯。兼听则明，偏信则暗。了解全面的信息是管理者做决定的基本需求，如果仓促表态，虽然显示了自己有“权威”，却很有可能会做出错误的决定。要知道，即便再忙，也需要时间对事物充分地了解，才能避免“南辕北辙”的决定。

其三，只埋头记录，不注意思索。埋头记录，固然表示你很重视别人的反对意见，但不注意思索，往往会把别人意见中可取之处或有价值的地方漏掉。

其四，自己来盖棺论定，其他人鸦雀无声。这种独断专行的局面持续下去，无论是下属还是兄弟部门，都会对你心怀不满，和谐的局面永远不会到来。

在我看来，对待不同意见的包容态度应该是：

第一，多做启发，多提问题。不仅让与自己意见不同者能把全部意见无保留地谈出来，还要引导他们谈出事先没有考虑到的一些意见。为了使谈话紧紧抓住主题，提高效率，也可以先抛砖引玉，把你对问题的考虑、设想，特别是问题的难点、症结给大家讲讲，以启发大家的思考。

第二，不管是补充性意见还是不同意见，也不论是长篇大论还是寥寥数语，多少都会有可取之处，甚至能帮助自己打开思路，发现有价值的内容。所以，管理者在听取意见时，要善于从别人的发言中捕捉和发现有意义的内容，项目流程中的症结，及时把它提出来，引发大家进一步思考。

第三，就反对意见做一些具体分析。很多时候，别人的反对意见是针对问题本身，未必是针对某个人，反对意见也很有可能是立场不同，而不是实质性的全盘否定。这些都值得去思考，分析为什么会产生不同的意见。有时通过分析，大家往往发现，双方的争论只是一个问题的不同表现，实际上出发点是完全一致的。

第四，由于个人水平所限，其他人提出的意见，也可能是错误的。对此，掌握“真理”的人也不要予以打击奚落、冷嘲热讽，而是要让对方明白错在哪里，耐心地说明道理，得到大家的共识。

善用不同意见，提升决策水准

决策的第一条规则就是：必须听取不同意见，否则管理者根本无法决策。

有效的决策总是在不同意见讨论的基础上做出的，它绝不会是“大家意见一致”的产物。换句话说，管理者的决策不是从“众口一词”中得来，有效的决策，应该建立在互相冲突的意见之上，从不同的观点和不同的判断中选择。所以，除非有不同的见解，否则就不可能有决策。这是决策的第一条原则。

通用汽车公司总裁斯隆曾在一次高层会议上说过这样一段话：“诸位先生，在我看来，我们对这项决策，看法基本上都完全一致了。”出席会议的大佬们听后纷纷点头表示同意。

谁料，斯隆却接着说：“现在，我不得不宣布会议结束，这一个问题到下次会议上再进行讨论。我希望到那时能听到相反的意见，那样我们也许才能得到对这项决策的真正了解。”

斯隆不愧是“天才的管理专家”，他着重的不是一团和气，而是认为正确的决策必须从正反不同的意见中才能得到。因为正确决策的意识正是在不同意见的冲突与矛盾之中产生的，是认真考虑对立各方意见的一个结果。

能够接受不同的意见，是放大格局的第一步。要知道，每个人都有不同的背景、不同的立场，如果连别人的一句话都听不进去，谈何放大格局？

多做换位思考

人所处的位置不同，看法想法也会不相同。同样，不同的部门由于在公司中所处的环节、位置、侧重点不同，在一些问题上必然会有所制约、有所冲突。称职的管理者不仅能够有效激发员工工作热情，促进部门、团队的融合发展，还要能够站在其部门的角度来看待问题，在产生矛盾时寻求双方都能接受的办法来解决。所以，当部门内部或部门之间出现不和谐的音符时，管理者就要多做换位思考。

换位思考，就是一方在做出涉及另一方利益的决策时，不但考虑对方的利益，而且还要站在对方的立场上思考。管理者善于换位思考能带来以下积极效应：第一，能够看到问题和矛盾的真相，找出症结，对症下药。第二，可以促进上下级之间的交流沟通。第三，能够扩大自己的眼界，考虑问题会更全面，更有整体性。

总之，多做换位思考，站在对方的角度看过去，你会有新发现、新感悟，重新审视自己的不足。管理者善于换位思考对提高管理水平、促进团队融合非常有益。

第四章
实现组织无障碍沟通

在应聘时，人们凭的是知识和文凭，但最后离开公司都跟知识无关。有些人是因为沟通能力差，没办法跟其他人合作；有些人则习惯使用负面思维，不愿承担责任。

在公司内部，由于员工和员工之间、部门与部门之间沟通和交流不畅产生的摩擦、矛盾、冲突、误解是很频繁的。这将极大地影响公司的气氛、人员的士气、组织的效率，使企业内被负面力量占据，人为内耗成本增大。在本章中，将着重说明在团队中如何实现无障碍沟通。

1. 确保沟通渠道的畅通无阻

大家都明白沟通很重要，很多管理者对自己公司的沟通机制还是比较满意的，认为不存在渠道不畅的问题。如果企业里存在着不尽如人意的地方，那一定是别的问题，而不是沟通问题。然而，一项调查研究显示，中国的企业中，有70% 的问题来自沟通不畅。

找到问题，承认问题，是着手解决问题的第一步。

有一次，我在给一家企业做培训时，企业领导很自豪地说，我们公司内部的沟通很通畅，我们很重视与员工的沟通。后来，我就给企业员工和主管们做了一个关于沟通的角色扮演小游戏。

这个游戏很简单，把人员分组，每组五个人，角色分别被定义为 A、B、C、D、E。每个人会收到一张符合自己角色的纸，纸上有沟通规则和五个图形。游戏过程中都不准说话，也不准去偷看别人的角色纸。其中 A 只能和 B 用小纸条进行沟通，B 可以和所有人用小纸条沟通，而 C、D、E 也只能分别与 B 用小纸条进行沟通。这五个图形中，有一个图形是全组人每人都有的，小组的任务是找到这个共有的图形。这个任务只下发给了 A，要求通过小组的各种沟通方式，尽快把任务完成。

B、C、D、E 虽然拿到了图形，但是不知道小组的任务，所以在游戏过程中我们可以看到很多人非常茫然的表情，不知道拿到这张纸该去做什么。最终在规定时间里十个小组中只有一个小组完成了任务。

等到游戏结束时，员工互相看了别人手上的纸条，这才恍然大悟，原来要找出五人手上相同的那个图形啊！

在这个游戏里，A 扮演的实际上就是企业高层人员的角色，B 代表中层管理人员，负责把公司层面的指示传达给员工，同时把员工的信息和疑问反馈给高层人员。

我询问了失败的小组，每个小组失败的理由不一。小 A 说："我还以为他们都知道我们的任务呢！""我跟 B 说过了，但是他怎么总是不理解我的意思呢？"小组中的 B 则说："我也不知道该干吗啊！我还以为 C、D、E 都知道呢！"而小组中的 C、D、E 则说："我们很茫然，不知道到底该干什么！"

也就是说，高层领导、中层领导总是自以为员工们都理解公司的所作所为，也认为沟通渠道是没有问题的，但是员工却完全不是这样的想法。我做培训的这个公司，当他们看到这样的结果后，不由得开始反思公司内部的沟通机制了。有兴趣的公司不妨也组织员工来玩一玩这个游戏，感受一下沟通受阻的感觉。

在这个游戏中，之所以体现出来沟通效果不畅，一方面是由于领导和员工都没有沟通的意识，彼此都认为对方知道组织的目标，所以没有沟通的意愿，因而效果不好；另一方面则是因为沟通的机制比较死板，只能有一种方式来进行沟通。

这种情形在现实中并不少见。员工感觉到有问题时，想找人问问，了解情况，却沟通无门。蒙牛集团总裁牛根生先生曾经深有感触地说："在企业管理中，矛盾的 98% 是误会，而误会的 98% 是沟通不够。"可见"沟通"二字是多么重要。

如果把企业比作一个人的话，各部门就像人的器官四肢，沟通渠道就好像人身体中的血脉，人的正气是靠血液来传送的，而企业的积极力量也是通过沟通的方式互相传递的。血脉不通，人就会生病，企业中如果沟通渠道不畅，企业就会效率低下，更不要说发展壮大了。

企业内部的沟通机制分为部门内沟通和部门之间的沟通。如果一个部门中没有沟通，每个人都自顾自地工作，不用说工作效率提高不了，可能连基本的任务都无法很好地完成；如果部门之间没有沟通，每个部门做自己的事情，信息流通受阻，整体效率放慢，企业活力就无法被激发。

根据以前的经验，我把国内企业在管理沟通机制方面存在的问题分成以下三个方面：

1. **部门内部沟通机制不健全，员工工作无法正常开展**。员工工作的目标要求、所要承担的责任向谁询问？员工在日常工作中遇到问题找谁沟通？完成工作后找谁审核？如何找到其他部门的负责人？……这些问题在部门管理中很常见，有时主管会认为员工都了解了这些信息，而实际上员工并不清楚。在部门里工作有时会涉及很多员工，在推进项目的进程中会遇到很多不可知的困难，因此，在项目启动的同时就应该规定好部门内部的沟通办法。

2. **信息沟通反馈机制不健全，管理者无法掌握最新进展**。很多企业普遍缺少信息反馈机制，管理者发布某项决策或任务后，无法在第一时间掌握最新的进展，有时就会影响公司的工作效率。小张是个新员工，他在公司里的工作比较独立，主要向自己的主管汇报，所以他很少跟其他员工沟通。有一次，小张工作上遇到困难，主管领导认为他已经处理过类似的事情，就没有给他明示有问题怎么办，而小张早已不记得上次是怎么办的手续，他也不知道该问谁，去找领导却发现领导出差了。等主管领导回来后，这才发现小张的任务还没完成，严重地影响了其他员工的进度。其实，小张找不到主管领导时，只要咨询一下老员工，这个问题就能得到解决。

在这个案例中，小张工作的不主动是主要原因，但是反过来说，对于一个新员工，很多职业技巧是有待于培训提高的。作为主管领导，在对待下属员工时，授之以鱼不如授之以“渔”。如果主管领导一开始就考虑到小张的情况，并有意识地与之沟通，在下达任务时留下其他沟通和反馈的渠道，可能就不会耽误事。这就是在小张这个案例中小张的主管的失误之处。

3. **信息传播过程出现扭曲，造成企业损失**。在大多数企业中，信息都是经过逐层传播的，这种传播方式的弊端在于信息在传递过程中会出现流失甚至扭曲的现象。在我们的培训过程中，有这样一个小游戏，让大家分成若干组，每组有十个人。给每组的第一个人看一句话，然后让他用自己家乡的方言把这句话小声讲给第二个人听，第二个人同样再把这句话说给第三个人听，依次类推。等到最后一个人把听到的这句话复述出来时，早已面目全非。在玩游戏的时候，大家都乐得捧腹大笑。然而在企业里，如果信息传播过程有误解或误读，很有可能带来莫大的损失。

有家房地产企业的管理者解读房产新政策后，决定以观望为主，各地门店可以掌握一个“度”进行调价。但这个信息经过一层层传递到门店时，变成了“各门店自行掌握价格幅度进行调价”，完全背离了原来的思路。

管理者要想在自己的部门内部建立畅通的沟通渠道，应该从正式沟通渠道及灵活沟通渠道两个方面着手。

规范的内部正式沟通

公司内部的沟通效果决定了公司的管理效率，如果能做好内部的正式沟通，将对提高公司绩效、实现目标起到事半功倍的效果。所以，畅通而高效的沟通，有利于信息的充分共享，有利于提高工作效率，有利于向上力量的传播。

公司内部的正式沟通是否规范高效？每位管理者都可以先自我评估一下：

公司内部的沟通是否属于积极沟通？

在我的部门里，员工是不是随时能找到汇报、咨询的渠道？

有没有员工宁愿自己撞到南墙也不愿意向我汇报？

我们部门和其他部门之间能正常协作吗？

有没有因为沟通而产生的推诿现象？

我与下属之间的沟通是积极的吗？是有去无回，还是有来有去？

我下达的任务有没有出现过被员工误解的情况？

…………

开展专业的沟通能力培训

在认识到沟通机制需要完善的基础上，首先要在部门里、企业里开展专业的沟通能力培训。这一点可以通过选择几本畅销书或请讲师进行培训来解决。要知道，沟通能力不是天生的，而是可以通过学习获取的。提升员工整体的沟通素质，尤其是中高层管理者的沟通能力，是保证企业内部正式沟通有效进行的基础。因此，企业可以有针对性地开展相关的培训，包括员工沟通意识、沟通中倾听与表达的技巧、非语言的沟通技能等的培养，对于新员工或调岗后的员工，在进行岗位培训时，一定要告知其所在岗位的各种沟通方式、沟通渠道，并且给予规范性的要求指导。

建立顺畅的沟通机制

顺畅的内部沟通机制是企业提高沟通效率、保持活力的有效保障。企业可从下行、上行、横向沟通三方面来保持内部沟通的顺畅：

第一，下行沟通，是指公司的任务或政策从上向下传达。在下行沟通的过程中，领导者不能只是简单宣讲，口头要求执行，而是要让下属准确理解所接受的信息，要求反馈以便及时调整下属的理解方向。对于部分机构重叠的企业来讲，要重视改善组织结构，以精减沟通层级，提高下行沟通的效率。

第二，在上行沟通方面，企业可通过有效的沟通渠道建设来培养员工向上沟通的积极性，如定期开展接待日、座谈会等。另外，对员工的建议与意见要及时地进行反馈，以实现内部沟通的双向性，避免沟通流于形式。

第三，在横向沟通方面，一方面，企业可通过定期组织交流会、内部轮岗等方式来促进部门之间的沟通交流；另一方面，各部门内部也可通过信息共享、定期的部门例会等方式来加强沟通。

明确部门内的组织结构和相关责任人，减少信息传递层级，采用最优路径进行沟通，防止信息传递层级过多而产生失真，提高沟通效率。经理能直接对员工发布信息的话，就不要再设置主管、专职人员了。

适当的沟通方式

在公司的正式沟通方式中，经常采用会议、口头沟通、邮件往来、一对一谈话等方式作为日常工作的沟通方式。

会议主要适用于一对多的通知、多人商讨等场合。它可以同时把信息传达给多个参会人员，而且也可以获得及时回馈，高效、直接。但是会议的频次不宜太多，公司里过多的会议也会影响员工、主管的工作节奏。

口头通知最便捷，也比较有人情味儿，在沟通过程中还可以进行交谈、随时反馈。但是事情繁杂后，或者传达比较重要的事项时，最好伴随着传达记录，以免出现忘记的情况。

某生产公司在遇到客户更改订单数量时，只在合同上做了记录，合同管理人员口头通知了生产人员，却没有及时下发相应的更改通知，结果导致生产数量错误。在回退查询问题时，生产人员却说记不得曾经接到合同管理人员的口头通知。事后该公司就规定，类似的信息沟通以书面为准。在时间紧迫的时候可以先采用口头通知的方式，但一定要及时补上书面通知。

邮件沟通也是公司里常见的沟通方式。大多数公司有自己的域名和邮件系统。在这个系统下，邮件的沟通有记录、时间，可以转发、抄送，受到了人们的欢迎。但是需注意的是，邮件管理也是一门学问，不要让每天的邮件处理占用太多的管理精力。

现在网络通信工具很发达，越来越多的公司采用一些即时通信工具作为沟通方式。比如说企业内部的BBS、QQ群等即时通信工具。有的企业为了信息安全，甚至引入内部专用即时通信工具。例如李嘉诚旗下的和记黄埔，利用平台化沟通提高整体沟通效率的方案就比较值得借鉴。和记黄埔首先引入企业即时通信工具imo，构建一个覆盖全员的沟通平台，让员工之间、部门之间有了直接沟通的渠道。在信息传播环节上，和记黄埔利用imo的电子公告，将企业通知及时、准确地传达给员工。同时，电子公告还可同步发送手机短信，让不在imo上的员工也能及时收到。除此之外，和记黄埔还利用imo上集成的远程协助、电子白板、企业短信、电子传真等众多办公功能，完善了沟通机制，提升了沟通效率。

如果企业给予员工全面的沟通渠道，再一一告知其使用场合、使用方法，可以想象在这样的企业里，员工不知道该怎样沟通的情况应该就比较少见了。

加强正式沟通中的信息反馈和控制

在企业内部正式沟通中，加强对信息的控制也很重要。不仅要保证信息共享过程中信息的真实性，避免因信息失真造成误导，给企业带来损失；对于会议或内部文件中涉及公司战略、经营决策、关键技术等方面的重要信息，还要做好保密工作。

信息反馈可以作为管理者控制项目进程的重要手段，一定要规定好信息反馈的频次、场景等，以免在信息下发、上传的过程中产生误解，给员工带来不好的心理体验。在管理者与员工做沟通时，产生误解的情况很常见，王经理就曾经遭遇过这种情况。当她向员工传达一件事情时，员工没有听懂意思，却自以为已了解。等过了一段时间，王经理才发现员工完全弄拧了自己的意思。虽然还来得及调整，但是已经浪费了大量的时间和精力。员工非常郁闷，认为王经理交代不清，不尊重他的劳动成果，虽然后来按王经理的要求重新修正了一些工作，但做得不情不愿。从此以后，王经理就十分注重员工的信息反馈和控制，她在部门的正常工作流程中增加了及时反馈的详细要求，如果是例外的任务，她交代给员工时就让员工再描述一下任务完成的情况，而且会在预定完成之前安排一次到几次的进度沟通时间。自从她改变了做法后，她发现与员工之间的沟通变得高效了，员工也会主动提出自己的看法和进度计划，在任务完成之前，双方都会对可能发生的问题事先沟通，员工也不会走弯路了。

灵活的内部非正式沟通

除了正式沟通渠道之外，其实还可以结合公司的企业文化，建立灵活多样的非正式沟通平台。比如说企业内部的娱乐论坛、聊天群，再比如组织一些员工聚餐、旅游等集体活动，营造轻松开放的沟通氛围，让员工畅所欲言，增强管理者对员工的多方位了解，从而更有效地了解员工的想法与建议。这些非正式沟通可有效地促进信息的传递，且没有正式场合的拘谨感和压力感，员工更乐于参与。

非正式沟通的信息传递速度快，且信息芜杂分散，沟通中信息的扭曲可能会给企业造成不良的影响。因此企业在建立灵活开放的沟通平台时，还要及时关注非正式沟通中的信息，并及时给予反馈或处理，从而引导非正式沟通发挥其有效作用，真正为企业服务。

内部沟通机制的健全是企业积极力量的基础，它是一个动态、持续的过程，管理者应将健全内部沟通机制作为管理工作中的重要组成部分，定期总结内部沟通机制产生的实际效果，并且不断地完善与优化。同时，要广泛征求员工的意见，鼓励全体员工参与内部沟通创新，拓宽沟通渠道，丰富沟通方式，保证内部沟通的有效性，为企业的影响传播提供基础。

2. 进行全方位沟通，打造最广泛的获胜联盟

在公司中，各部门各司其职地开展工作，这就造成有些管理者擅长与上级或下级沟通，却与其他部门经理的关系比较僵化。

周经理负责企业的采购工作，每年有几千万的采购资金。在公司里周经理经常遇到其他部门投诉工作效率不高的问题，而他自认为采购部的工作还是比较好的，领导交下来的任务都能顺利完成，采购部内部人员也比较稳定，一切都按部就班、平稳有序。如果说有哪里不顺利的话，那就是生产部的采购计划经常有变了。周经理对此非常无奈，每个月公司的付款预算有限，好钢要用到刀口上，采购物资不可能无限度地购买。另外，采购也是有周期的，不可能今天要明天就到位。可是生产部往往是今天送过来采购计划，明天就要到货，或者东西买过来以后，突然不急需了，当时不验收，等过了一两个月使用时再验收，万一有了质量问题，尾款已经付过，就很难去与供货商交涉了。为了这些乱七八糟的问题，周经理感觉很无奈，这不，他又跑到副总办公室里，希望副总能帮忙协调一下采购件紧急交货的问题。

进门后，副总很认真、耐心地听完了周经理的问题，然后问了一句："他们？你刚才总在说'他们'，指的是谁？"

周经理有点儿反应不过来，这是什么意思？"他们"当然是指他们生产部啦！怎么我说了一大堆，副总连他们是谁都没听懂？

然而副总却对他说："我以为，在公司内部都是'我们'。我们采购部，我们生产部。你说呢？"

周经理这才明白副总的意思。副总又说："对于我们这种企业，采购部与生

产部之间的关系非常密切，像你所说的交货期问题，我相信应该不是第一次发生。你有没有尝试过直接与生产部的经理进行沟通？你来找我，我再参与协调，这本身在气势上就压了生产部一头，让生产部经理觉得你在‘告状’。如果你先去找他协调，然后带着商量出来的方法或困难来找我支持，我想效果会更好。”

听了这些话，周经理若有所思。以前的副总在时，似乎总是在协调生产部、市场部、采购部、质检部之间的关系，每天忙得团团转，这几个部门一有问题就会去找上级来开会、协调，但从来没有尝试过自己去主动与其他部门协商。这几个部门之间的关系也非常僵，在潜意识里总觉得其他部门离自己很远，从来没有认真站在其他部门的角度上思考过问题。

周经理在副总的点拨下找到了生产部经理，诚恳地说明了自己的意见，询问生产部有没有更好的处理方式。生产部非常友好地修改了生产计划，并选用了周经理推荐的另一种采购周期短的原材料，从而顺利地解决了问题。

在这个案例中，由于受传统思路影响，周经理本能地对兄弟部门有一种抵触情绪，有了问题就去找上级解决，给上级找了不少麻烦，自己的心情也变坏了，问题也没有从根本上得到解决。另外，周经理的行为还给下属带来了不好的影响，几个部门之间的员工互不来往，遇到事情不闻不问。

周经理遇到了一个智慧的、有能力的领导，使周经理改变了以前的思路和想法，改变了自己和团队。在你的企业里或者部门里，有同级沟通的意愿或氛围吗？只有进行全方位沟通，才能打造最广泛的获胜联盟。

同级管理者之间的沟通要特别注意两点：因为其关系是平行的，所以两个部门管理者之间没有领导权，凡事只能以协商为主；同级管理者之间有时是工序上的上下环节关系，有时是潜在的竞争者关系，比较复杂，比较微妙。在处理同级关系时，一定要把握好这两点要害，否则即使你有与同级沟通的意愿，也不见得会收到好的反应。时间长了，你和同级管理者的关系会从冷漠走向敌视，局面变得更糟。

互相尊重，互相支持，互相信任

同级管理者之间不要形同陌路，要互相尊重，互相支持。

管理者往往会“屁股决定脑袋”，坐在自己部门的位置上，脑袋里考虑的都是自己部门的事情，在这种思维方式下，会认为其他部门都应该围着自己转。

所以，在与同级沟通时要学会换位思考，互相尊重，互相支持，互相信任。很多事情，自己的心态改变了，事情也会发生转机。比如说，上个案例中的周经理在尝到平级沟通的甜头后，慢慢地放开了自己的思路。以前别的部门来找采购部办事时，如果没有经过正式的书面审核、签字，周经理总是一口拒绝：“先办手续，再办事。这动辄是成千上万的金额，没有审核我绝对不能办。”这一方面确实给公司带来了管理上的严密，但另一方面也让别的部门员工、经理对采购部敬而远之。后来周经理发现了这个问题，他慢慢地改变了思路，开始让员工为对方着想。当别的部门要求采购时，由于不熟悉流程，有时会没有审核，或者经理出差没人签字，周经理要求采购员工不能简单回复“手续不全”，而是告知对方可以电话审核，如果采购物品的周期不能满足要求的话，采购员工会主动提一些建议，比如换型、借用等办法。总之先替别的部门考虑一下，支持对方的工作，而不像以前那样一口回绝。

在周经理的带动下，其他部门与采购部之间的关系明显好转，涉及物资采购的工作也没有那么多抱怨了。周经理明显地感觉到，自己部门的员工精神面貌比以前好了很多。

作为一个部门的负责人，管理者要学着放大自己的眼界，试着从公司大局的角度考虑问题，多做换位思考，时间长了部门之间的尊重、支持会减少很多不必要的误解，有助于提高部门协同工作的效率。

分清职责，掌握分寸

在打造全方位沟通的过程中，身为管理者的你一定要分清职责，掌握好沟通的分寸。

属于别人职权之内的事情，绝不干预，而属于自己的责任，绝不推卸。有时明明是出于好心，但如果越权的话，好心也会办坏事。李经理的性格大大咧咧，在公司内部和几个经理的关系都不错。但是有一次，李经理的过界操作给这种良好的关系蒙上了阴影。有一次客户来催货，负责产品进度方面的经理不在，而负责销售的李经理没有去详细咨询进度情况，想着要搞好客户关系，就按照自己的经验对客户大包大揽，答应了对方下周交货。等到产品经理回来后，听说了这件事情，不由得生气起来，原来这个项目客户有两种方案，交货期靠前的话产品成本高，与后续售后服务也不好接口，而交货期靠后的那种方案虽然时间上比较迟，但是产品比较标准，生产成本低，而且后续服务时间缩短，整体看来不影响客户的工期。产品经理就交货期问题正在跟客户做交涉，但是李经理插了这么一杠子，可谓好心办坏事。产品经理后来花费了很多工夫去向客户解释，这才修正了最后的结果。

公平地说，李经理的出发点是好的，尽量满足客户的需求，但是在生产进度方面还是要把职责分清。如果李经理不负责生产进度，那么他没有权力来安排生产进度。出了这么一件事情后，李经理有一段时间都是垂头丧气的，在公司里也造成了不好的影响。

所以，在进行同级沟通时，一定要分清相互之间的职责界限，在界限模糊的时候要多伸出手帮助一下，但是在界限清楚的情况下一定要谨守规则。在工作中多听对方的意见，理解对方的困难，不强人所难，更不擅自做主处理。

委曲求全，以理服人

在同级的部门管理者之间，由于各自的职责所在造成立场不一，难免在工作中遇到一些纠葛和矛盾。作为部门管理者，千万不要在自己部门内部发牢骚，让自己部门的员工感觉到中层领导之间有矛盾，从而对公司的稳定产生怀疑。

在解决这些纠葛和矛盾时，哪怕是对方做得不对，管理者也应该本着顾全大局、维护团结的良好愿望，对一些无关紧要的“小事”采取不予细究，甚至是委曲求全的态度。即使遇到一些需要辨明是非的“大事”，也要讲究方式方法，尽量做到心平气和，以理服人。这样做，随着问题的妥善解决，部门之间不但不会伤和气，反而会在新的基础上建立起更加牢固的团结关系，给员工带来正面影响。

钟经理的公司是做布匹染料生意的，由销售部下订单，钟经理负责根据订单安排生产。公司有一个大客户，长期以来每年都要订上千万元的产品，而且布匹的尺寸、颜色、长度等基本是固定的。有一次，这个大客户订了一百万元的产品，尺寸、长度、厚度各种参数都和以前一样，颜色却有差异。钟经理拿到订单后，不由得犯了疑，为什么这次这个客户要的颜色有变化呢？是用途变化了还是需求变化了？会不会是销售部写错了订单？如果是在一个没有沟通的、充满消极力量的团队里，钟经理可能就直接下单了，因为生产部的职责是按质按量按时做出符合订单的产品，现在订单下来了，白纸黑字，写得清楚明白，生产部直接根据订单生产就是了。

但是钟经理没这么想。他思索了一阵后，还是打电话给了销售部。销售经理并不太清楚这件事，正好手上还有别的事情在处理，平时大家说话也比较随意，在电话里销售经理就说：“老钟，你就按着订单做呗！哪有那么多问题！订单上是什么颜色就做什么颜色！”钟经理一片好意，却得到这样的回答，不由得有点儿生气。转念一想，也许销售经理正忙，等下再沟通吧，不问清楚，他是不会下单的。部门的其他员工对他说：“钟经理，既然销售部都说咱们多管闲事了，咱们别操这个心了！”钟经理却认真地对下属说：“不行，这一个订单成本就是几十万。万一弄错了，损失谁来承担？销售经理那里，我会再问清楚的。”下午两点，钟经理专门拿着订单到了销售部办公室，找到销售经理，把该客户以前的订单找出来给销售经理看，销售经理这才意识到问题的严重性。一查这个订单的来源，原来公司与这个大客户有长期合作关系，有时会采用传真方式直接签订订单，平时负责这个大客户的销售员正好有事不在，别的同事帮他处理了订单。由于传真的字体不是很清楚，这个同事错把色卡上的“3”抄成了“8”，下给生产部的订单上自然是错的颜色了。当查清楚这件事情后，销售经理不由得一阵后怕，对钟经理非常感激。

就这样，钟经理本着对公司负责的态度，不计个人面子的得失，委曲求全，不但如愿解决了事情，为公司避免了大的损失，还收获了其他部门对他的尊重，也给自己的团队带了个好头。

经常通气，沟通情况

同级部门属于同一个公司，只是职责不同，在日常工作中要经常与其他部门通气，互相沟通情况，这样才可能进行有效的合作。

部门之间的关系就像一株植物，要定期浇水施肥，才能开出美丽的花。如果平时不闻不问，却希望得到好的收获，从人之常情来说也是不现实的。因此，工作再忙，也不要忘了和其他部门的管理者经常通气，交流信息。也可以与其他部门的领导商讨，搞一些部门间的联谊活动，增强相互之间的了解，让员工们也感受到部门之间沟通的重要性。

3. 高效开会三部曲，彻底杜绝开会难！

在企业中，很多管理者的日常工作之一就是参加会议。年会、月总结会议、预算讨论会议、业绩会议、周例会、晨会、合同评审会议、临时会议、各种沟通会议……万科总裁王石曾经感叹过："我如果不是在开会，就是在去往下一个会议的路上。"这句话形象地描绘了职业经理人所面对的繁重不堪的会议。

无可厚非，会议是一种非常有效的沟通手段，因为多人参与的面对面沟通可以传递更多更全面的信息，有助于进行决策。针对多部门协作的项目，更需要由会议来推动协助运行。

需要看到的是，采用会议手段进行企业内沟通，除直接会议成本外，时间成本也非常高昂。会议之前的准备工作需要时间，如 PPT 编写、决议草拟、组织人员等，另外，参会人员把手上正在进行的工作停下，所耗费的时间总和也不容小觑。

除了成本高以外，不适当的会议还给企业带来了负面影响。企业如果被淹没在"文山会海"之中，就会滋生懒惰和官僚主义、形式主义。会议是不产生效益的，会议所带来的决议要在执行过程中才能产生效益。管理者习惯了低效率的会议之后，没有时间也提不起精神去正常高效地工作了，其懒散的思想就会影响员工，使工作效率降低。比如说，在部门中出现问题时，有的领导者不是想着立即解决问题，而是想明天就要开例会了，我在例会上汇报一下，看怎么解决吧。等到开例会的时候，谁也不会认真思索，讨论一会儿问题就被搁置了。说不定等到下次会议又提起该问题，讨论来讨论去还是没有结果。

张经理是一家企业的中层管理人员，一说起开会，他就厌烦。公司里每周一次例会，生产部、售后部、市场部、质检部、研发部都要集中在一起互相碰下头。

每次开会时，大家依次干巴巴地汇报自己这一周做了什么，下一周计划做什么。因为公司各部门之间职责清晰，每个部门的工作与其他部门的工作没有太多交叉的地方，所以张经理对其他部门的工作也不是很感兴趣。但是老板就是要求每周开例会，怎么办？大家都不喜欢去参加，觉得浪费时间。到了周五下午两点钟，各参会人员陆陆续续来到会议室，拉拉椅子，聊聊天，有时要迟十来分钟才能开始。会议开始以后，不少人的手机铃声此起彼伏，会议上说了啥也不知道。每个人都发言以后，老板说几句话，会议就算结束了。张经理觉得这种会议太浪费时间，又不知道该怎么去建议老板。

会议效率低下，还有其他各种表现，比如说：

1. 会议通知不到位，单向地发出通知邮件，却没有确认。等到会议开始时才发现有人没来，再临时打电话通知，已到场的人员就白白地被浪费了一段时间。

2. 会议室设备没准备好，大家都来了，会议组织者还在调笔记本和投影仪之间的连接，怎么也没办法投影，再临时去叫设备维护人员来调试。

3. 十来个人参加会议，在发表意见时，总有那么两三个人插不上话，感觉索然无味，不参加讨论。

4. 开会了，但会前并没有准备议题草案，会议主题不断从一件事情跳到另外一个事情，最终也没达成共识，也没有解决问题。

5. 讨论问题的关键者没来，开会时才发现，大家无法了解其中的某个细节或无法做决议，因为关键知情者不在。

6. 一个人话还没说完，另一个人就打断，甚至多个人在会议上争执，争到最后才发现，其实彼此想表达的意思是差不多的，只是角度不同，但是已经争论半个小时了。

7. 会议开着开着就跑题了。

8. 会议没有专人记录，后续执行时大家各执己见，或开过就算，后续没有人跟进。

9. 同一件事情，开了好几次会议也没办法决定。

……

作为管理者的你，肯定也曾经遇到过上述一些导致公司内部会议效率低下的问题。

如何提高会议效率，使会议也能散发向上的力量呢？

开会难的问题并不仅仅存在于企业。其实它根源已久了，与中国的文化历史发展历程有关。孙中山先生曾评论过：“夫议事之学，西人童而习之，至中学程度则已成为第二之天性矣。”“然中国人受集会之厉禁，数百年于兹，合群之天性殆失，是以集会之原则、集会之条理、集会之习惯、集会之经验，皆阙然无有。以一盘散沙之民众，忽而登彼于民国主人之位，宜乎其手足无措，不知所从，所谓集会则乌合而已！”这些话形象地说明了国人为什么开会低效，是因为不像西方人那样，从小接受集会的学问，中国人从小受到集会的限制，等到长大了需要开会时，只能像是一团乌合之众，无法高效地完成既定会议目的。

要想系统地学习会议的学问，不妨读一读《罗伯特议事规则》，这是一部被广泛推荐的会议规则。

在企业里，要想做到让开会在短期内变得更加高效，可以对会议进行流程规范。把会议流程分成会前、会上及会后三个部分。

首部曲：开会之前的准备

先确定是否要开会。当我们有发起会议的冲动时，问一下自己：这次会议真的必须开吗？有没有其他的方法去做这项工作或解决这个问题？只有经过周密地考虑以后，或者实在没有别的（或更好的）办法时，我们才应该召开会议。

有些管理者已经意识到有比开会更好的沟通方式。约翰·德克尔是伯利恒钢铁公司封装与运输部门的主管。他手下的员工大约有 50 人，在过去的十年里，他大幅减少了召集下属开会的次数。“在我刚接手这个部门时，他们每周必开一个长达五小时的内部沟通会议。”他说，“考虑到它给大家传达的信息量实在不多，我把它取消了。”而另一位生产企业的质量主管在经过调查后取消了每周一次的全体会议，转而逐个询问质量监察员们意见。改变做法后，她说：“每次只与一位监察员碰头，但是时间的节约与生产效率的提高幅度却让人难以置信。”

这两位管理者认为，在会议进行过程中，人们手头的所有工作都得停下来。在召开会议的时候，计划再好，你也不可能有时间去实施；员工的创意再好，你也无暇去了解；一个人说的内容也并非是所有人都关心的，反而影响了他们的工作。换句话来说，一开会就什么事都做不了。

比如说，有的企业为了开会而开会，开会类似于做通报，每个人汇报一下工作，挨个说一遍，主持人也不做任何评点，说完会议就结束了。这种会议完全可以用电子邮件的方式来达到相同的目的。

所以，在开会之前先确认一下会议的必要性，这可能可以减少 40% 的会议。

把会议目的具体化。比如说，这次会议是针对绩效考核制度的讨论。这个目的看似清楚，实际上太过于笼统、宽泛，因此在会议执行中很难做到有明确的针对性。不妨细化一下会议目标，比如说，讨论生产部门的绩效考核制度，分别对装配工、调试工、车工、检验员等岗位进行讨论。每个岗位都有其不同的考核草案，会议就针对这些草案一一进行讨论。在会议准备时，还可以给每个内容一定的限制时间，以免跑题或者纠结在某一个问题上面。

合适的参会人员。会议人员要控制在合理范围内，人越多，所占用的工作时间就越多。一般说来，七八个人的会议是最有效的。能让彼此畅所欲言，充分沟通，同时能保证所有人都集中注意力。再多的话，要么是浪费了外延人员的时间，要么是有意见没有足够的时间表达。有时，一个主题的涉及面可能会很广，但是决策人员并不多。我曾经给企业提过一个建议，发送会议通知时，分为参会人员和旁听人员。参会人员不超过十人，要求是必须到场的，在正常开会时坐在会议室内圈。而旁听人员是与会议决议有关的人员，他们可以根据自己的时间来安排是否参会，开会时坐在会议室的外圈，可以参与讨论、提供信息，但不负责决策。会议结束后发送会议记录时，要同时抄送给参会人员和旁听人员。这样，旁听人员即使没有去参加会议，也会通过会议记录了解与自己相关的内容。

另外，要保证参会人员中覆盖了所有的决策人员。

在企业中养成遵守会议规则的习惯。一个会议是否高效，与参会人员是否遵守会议规则息息相关。在开会前，就要明确一些习惯。比如说，准时参会，不在会上打电话，不交头接耳，不乱插话……这些规定需要严格遵守，甚至可以采取一些小的处罚手段，比如说迟到就罚站，这样执行过几次，一定会对今年的会议效果产生很大的影响。

二部曲：会议中

会议主持人的设立。会议主持人大多数是会议的发起人，对于例会来说，也可以轮流做主持人。会议主持人必须严格履行义务，对整个会议的进度、气氛、节奏起着控制的作用。在会议上，经常会出现跑题的现象，大家讨论到兴致高的时候就扯到一边去了，这时主持人要及时把话题扭转过来，按既定计划讨论。另外，对于一些虽然与会议相关，但并不是与会者都关心的事情，或者说利用会议这点儿时间根本讨论不清楚的事情，在不影响会议正常进行的情况下都要及时打断。比如，可以其中的几个人在会后另开一个小型会议来继续探讨这个话题，而不要让其耽搁会议的进行。另外，会议主持人要有权威性，在遇到议而不决的情况时，主持人要及时决定本次会议可以暂时搁置该问题。既然制订了程序，就一定要保证能够执行下去。给每一个议题规定的时间都是有限的，如果遇上很难达成共识的内容，不妨暂且搁置争议，按照流程先讨论其他的，以免耽误大家的时间。至于有争议的内容，可以请大家先各自再做一些深入的思考，另行开会。

发言者相互尊重。很多人可能都经历过在会议上由于意见不同引起争论的局面。然而，为了达到最有效的交流，意见不同也不应该争吵，在会议上，参会人员应该互相信任和互相尊重。开会不是聊天，必须在一个人发言结束后自己再发言，发言者也应该有理有据，而不是“我猜想，我估计……”。认真听别人在讲什么，并思考对方所讲的内容，而不要只是在想自己下面要说什么；如果别人已经说了你要说的，就不要再重复；给每个人以同等的发言机会，观点没有绝对的对错，只要能说出理由；就事论事，不要把同事之间的私人感情带到会议中，因为观点不同而借机在会议中攻击或伤害某个人。

阶段性总结。会议结束时，或在时间跨度较长的会议中，需要及时进行总结。因为人的注意力一般只能保持一个小时左右，时间长了，就会出现注意力不集中、疲倦或厌倦的情况。这些都是正常现象，所以为了拉回大家的注意力，会议主持人可以阶段性地做一些简要的总结，让会议的节奏感更加明确，同时能够强调会议的阶段性成效，以激励大家。阶段性总结结束之后，也可以安排短暂的休息时间，表示会议告一段落。会议结束时，一定要有总结，内容包括会议的结论，讨论取得了哪些共识，还有哪些争议，接下来要做的是什么，将在多长的时间段内完成下一阶段的任务，等等。

会议记录。每次会议都必须有会议记录，“好记性不如烂笔头”，如果没有人来做记录，那么会议结论往往会流于形式。有个笑话，有人问某总经理，如何保证参会人员不开小差？总经理回答，这很简单，会议开始时不指定会议记录人员，结束时再随意指定记录人。这个笑话也说明了会议记录的重要性。ISO9001标准规定，开会就必须有记录，否则不能承认会议的存在。当会议结束时，应该在短时间内整理出翔实、准确的会议记录。会议记录中应明确会议中所提到的各项事务的负责人、结束时间，并按需要发送给各参会人员及旁听人员，以提醒后续工作的责任。

三部曲：会议之后

会议决议要专人跟进。有句话说得好，坐而言不如起而行，会上计划得再好，设想得再完美，如果决议得不到执行，计划得不到实施，那也无异于竹篮打水一场空。会议能取得效果最重要的也在于让与会者负起执行会议决议的责任。跟进会议中的每一个行动事项分配给了哪个人，每个行动事项的截止时间是什么时候，才算是达成了会议的最终目标。

按时召开后续会议。有时，一个问题要分阶段解决，在第一次会议上可能只解决了其中的一部分。那么在第一次会议上必然会给出后续会议的召开时间，有时甚至会决定后续会议的目的。所以在后续会议快要到来时，会议的召集人要跟进了解上次会议的执行情况，并及时召开后续会议。

4. 掌握沟通的语言艺术，沟而能通

有不少中层管理者每天花不少时间与下属、上级进行沟通和协调，结果却不如人意，尤其是刚从技术岗位提升到主管岗位时，会一下子面对比以前繁杂得多的人和事，如何处理协调得当，就是当务之急了，而处理协调，都离不开良好的沟通。

很多中层管理者在进行咨询时都会抱怨："我和他说了半天，他好像还是不明白我的意思。""工作布置下去了，我都在着急，下属怎么一点儿也不急？每天不知道在干什么！""和他说话真的很累，他说了一大堆，没有我想要的信息。"……

身为管理者的你，70% 的时间用于沟通，如果不懂得沟通的方式方法，不但会降低工作效率，还会在部门内部带来负面影响。举例说明，由于你没有和员工沟通到位，在对任务的理解上可能会出现误解，在员工没有达成你的要求时，受批评的员工会满腹委屈，在做后续工作时还会产生懈怠，或对同事发牢骚抱怨。这些都是职场上常见的负能量，会影响到部门的员工士气。

为了使自己的部门充分了解自己的想法，管理者需要用心去与下属沟通，掌握一些沟通技巧，把自己的意思顺畅地表示、传达出击。沟而不通主要有以下几个方面的原因，针对这些原因，我们分别给出解决方法：

沟通前没有准备。沟通是一个交流相互了解信息的过程，当围绕着一个主题进行沟通时，如果双方掌握的信息极不对等，那么势必会影响效果。

比如说，在每个月结束时，销售部李经理都要求员工上交一份销售业绩的总结和下月计划，李经理会根据每份总结分别和员工进行沟通和讨论，看能不能进

一步提高。在6月份时，李经理月底刚出差回来，还没来得及看员工们的邮件，他按照惯例和员工一一沟通，但是感觉非常不顺畅。沟通的基础数据都在总结里，他没有看过，只能先去提问，然后再进行沟通。当他给员工提要求时，员工回答说："这个问题我已经在总结中写过了。"6月的沟通，李经理花了平时的两倍时间，却没有起到好的效果，反而带来了负作用。员工感觉到李经理不重视这次沟通，连一些基本的信息都不清楚。"他知道的东西还不如我多呢，凭什么来指导我呢？""我辛辛苦苦写了一个下午的东西，他根本就没看过。下次谁还这么认真地写啊！"可见，一次没有准备好的沟通不但起不到预期作用，反而会带来负能量。作为管理者，当需要与别人沟通时，最好提前围绕该主题进行详细地了解，在沟通时提出一些一针见血的问题，既表达出自己对下属的尊重，也表示自己对该主题的深刻了解和深思熟虑。

沟通的时机选择不好。快要下班了，今天是女朋友的生日，小吴早早地就把工作都完成了，准备一下班就去和女友会合请她吃饭。还差十分钟就下班了，这时张经理却把小吴叫到了办公室，原来他想跟小吴商量一下他手头一个项目的进度。张经理兴致勃勃地把客户的意见传达给小吴，想让小吴把项目调研做得更充分一点儿，他拿出初始的图纸，指着一些需改进的地方，问小吴能不能完成，什么时候完成。小吴却一直心不在焉，张经理说了什么也没有听太清，他支支吾吾地应付着、答应着，好不容易等张经理说完，就赶紧下班了。过了两天，张经理来找小吴，想看看他对项目的改动有没有做到位，却发现小吴根本没听进去他的思路，项目还是按照以前的模式。张经理很生气，不知道一贯认真的小吴怎么会出这么大的失误。这个案例中，虽然小吴有错，但张经理也没有把握好沟通的时机。项目思路改变是个很重要的事情，最好留有足够的时间与下属沟通，并详细解释自己的思路。选在快下班的时候来讨论这么重要的事情，有可能会导致沟通草草结束，效果不好。

缺乏信任，带着偏见去沟通。有的管理者由于之前对下属的表现不满意，所以对其带有偏见。在这种情况下进行沟通，很难达到预期目标。

举个例子说，某公司是销售工业设备的，销售员各自按区进行销售。某区的小王业绩还不错，但是总是得不到领导的表扬。销售经理这样说："小王这个人啊，确实有点儿小聪明，但是太难管。做销售时只会用价格战，有时还会找我要特殊低价。如果我不同意，还会撂挑子。他做什么事情都不愿意跟我汇报，我不盯他找他，即使是他区域里的事情，他也不管不问。他业绩是不错，但是这样的员工，我怎么敢用？"

这位销售经理说的也许是实情，但从这些话中，不难看出他对销售员小王已形成了惯性思维，认为小王就是爱耍些小聪明，工作不积极。这就会影响到他以后跟小王的沟通、安排工作。**作为管理者，要有一颗开放、平和的心，了解"存在即合理"，在与该名员工沟通之前，先训练自己放平心态。另外，随着时间的流逝，对下属的全面观察也会还原其本来面貌，消除自己的偏见。**如果经过理性观察，发现下属仍旧不能满足自己的要求，在这种情况下，要学会把自己的想法告知下属，建议其改正，以免影响其他员工。

沟通渠道选择不正确。在企业内部，可以选择多种多样的沟通方式，邮件、QQ、会议、面谈……合适的方式才能收获应有的效果。有时采用了错误的沟通渠道，反而会导致沟通失利。

毛经理平时与员工打成一片，员工们也很喜欢跟他相处，晚上还会时不时出去聚个餐。年底了，每个部门都在报优秀员工，这可是与年终奖息息相关的。部门里的小钱约了毛经理晚上吃饭，在推杯换盏、闲聊之际，小钱顺口就问了毛经理："咱们部门谁是优秀员工啊？"毛经理也没有在意，想着小钱迟早会知道的，他就透露了几个名字。过了几天，在公司还没宣布优秀员工名单时，毛经理的部门里却已经传得沸沸扬扬了。有不少员工觉得这种小道消息就表示评选的不公正，部门里的正常气氛受到了很大的影响。本来应该采取正式沟通的事情，因为渠道的不正式，引发了团队内的流言，带来了负面影响。

同样，本来应该采用非正式渠道的沟通，如果渠道不正确，也会引发负面影响。有一次，部门里的小郑夫妻关系一度很紧张，小郑的妻子甚至打电话给经理，问他小郑是不是在加班，经理因而知道了两人正在冷战。第二天在部门会议上，经理看到垂头丧气的小郑，在开会之前就关切地问了问小郑家里情况怎么样，爱面子的小郑非常生气，认为自己的“家丑”被外传了，局面很尴尬。所以，在与员工沟通时，要考虑好采用适当的沟通渠道，以免造成适得其反的结果。

拒绝倾听。也许是因为时间比较紧张，要面对很多人和事，有很多管理者不知不觉中就会犯下“拒绝倾听”的错误。

刘经理是一位女强人，她掌管着公司的整个生产，随着公司业务的扩张，她每天的工作也排得满满的。不是和采购人员一起去与供应商谈供货，就是生产线上有问题要与下属一起解决，或者销售部又下了紧急交货的单子，或者哪个流程上出现问题需要沟通……她每天都是忙忙碌碌的，用她的话说“好像每天都在救火”。如果有员工想找她汇报事情，刚说了开头，她就立即截断：“我明白你的意思了……”然后三下五除二地处理掉，就转身走了。且不说刘经理的管理方式有没有问题，她对待员工的沟通方式肯定是有问题的。时间长了，部门里的员工越来越不愿意找她沟通，即便是不得不沟通，也是两句话就算了，不愿意深入。刘经理感觉自己越来越忙，她和员工之间的沟通少，授权更少，部门里只有她最忙，但是效率却日渐下降。对于刘经理来说，她要学的管理技巧还有很多，但学会和员工沟通，通过沟通去培养员工、授权出去是最重要的，否则员工无法发挥作用，孤军奋战是不能提高部门业绩的。

沟通是相互的，每个人都想表达出自己的意见，如果管理者不给员工足够的空间去诉说和表达，这样的沟通效果肯定不会好。很多管理者就是习惯于表达自己的指令，却很少想到听听员工怎么说。不管员工表达的内容多么幼稚可笑，或者员工的顾虑你早已考虑到，并已做好对策，但不妨还是先听完他们的意见。一则可以了解员工的思路和水平；二则让对方把话说完，会给员工很大的鼓励；三则“人无完人，金无足赤”，听完员工的话，也许从他们的角度出发，会给你另外一种启示呢？四则倾听也是大度的表现，能充分表明你的胸怀和谦逊。

影响沟通、导致负面影响的因素还有很多，不能一概而论。市面上也有很多专门讲沟通方法的专著，相信一定能帮助你解决沟通的问题。不管是什么因素，都要求管理者在沟通时要用心。要明白，在数学中，两点之间距离最短的是直线，但在人和人之间，距离最短的却是曲线。沟通时有些话就是不能直接说，这就是沟通的规则之一。

有的管理者说，说话拐弯抹角，太累。这是因为你的阅历还需要丰富。作为管理者，要对你的员工用心，每次沟通都要提前做好准备，要了解一些心理学方面的知识，也要尝试去了解人性。因为管理者需要的是授权给别人，让别人高效地、愉快地去完成自己设定的目标。没有一种管理方式是不需要与人打交道的。所以要学会把自己的直爽、锋利慢慢包藏起来，慢慢用心去探索应该怎样才能让对方由衷地接受自己。这必须不断地实践才能悟到正确的方式。“悟”字也很有意思，五个口，一颗心，如果你能用心去和五个人沟通，也许就能“悟”到沟通的秘诀。观察对方想听和不想听的、喜欢和不喜欢的，了解对方的担心、顾虑等，给自己一点儿时间去思考、去摸索，努力去打开与部门员工之间沟通的大门。

用心沟通，让你沟而能通，这才能传播你想倡导的向上力量。

5. 不要只知批评忘了表扬，下属需要被赞赏

人的天性就是喜欢被赞扬，林肯说过：“人人都喜欢受人称赞。”美国心理学家威廉·詹姆斯也说过：“人本质中最殷切的需求：渴望被肯定。”被批评会给人们带来自卑、低人一头的感觉，还会有强烈的挫败感。所以，人们面对批评就会本能地逃避，自我辩解，甚至会想方设法地把责任推给别人。

作为管理者，要理解人的天性，多用表扬，少用批评。受到员工时，往往会产生厌恶的心理，有时为了避免被批评，当事情做得不好时，还会产生推诿、找借口的现象。

赵主任负责管理公司的一个车间。车间主要是做精密金属微加工的，对技术要求很高。赵主任本身是高级技工，为人又认真，对待工作一丝不苟。他看不得工作上的一点点失误，如果被他抓住了，员工一定会被他严肃批评。所以在部门里，大家都很害怕他。

最近一段时间，财务的成本核算人员向赵主任反映，他所负责的车间材料损耗明显比其他生产环节要高，这让赵主任百思不得其解。他的下料计划、生产控制都不错，最近也没有发现废品率上升啊！于是赵主任暗自留了个心眼，去仔细观察。他发现小李的柜子里放有一些废品。赵主任把小李叫到办公室了解情况。原来，小李以前做的精度一直是二级的，最近产品线上有一些精度要求更高的产品，小李开始时有点儿难以控制，出现了废品。小李怕被赵主任批评，偷偷地把废品藏起来，这才导致了废品率没升高但材料损耗加大的情况。赵主任非常生气，问小李：“为什么不早点儿说？你这个岗位的精度要求并不难达到，如果你早说了，我多拿几块以前的废品，让你多练练手，在我的指导下，两天后就完

全能提升一个等级！也不用产生这么多废品了！”小李嗫嚅着说：“我怕……你批评……其他同事教我的，他们要是弄坏了东西，也会偷偷藏起来的。大家都怕被你骂……”

赵主任这才意识到自己严苛的要求、严肃的批评给下属带来多么大的精神压力。怪不得大家见到他时都低着头，怪不得部门里经常死气沉沉的。

确实，管理者的批评会给员工带来压抑感，为了逃避批评，有可能会产生更严重的后果。管理者的批评和指责并不能很好地纠正员工的错误。

有时，批评还会导致消极工作。在很多公司里，我们听到这样的评论：“做得多，错得多，还不如不做，永远不会错。”因为管理者的批评，员工不但没有改正错误的想法，反而把注意力转向如何逃避处罚。有时候，员工甚至会认为，为了避免被批评，最好的办法就是隐藏自己，尽量逃避工作。不做，就不会错了吧？长此以往，企业里就会充斥着消极的思想，出现问题，大家都躲着，生怕被管理者揪住批评。这样的团队，何谈“建设性”呢？

在行为科学中，有一个著名的“保龄球效应”，它来自一个小故事。有两名保龄球教练分别训练各自的队员。两个队里都各有一个队员一球打倒了七只保龄球。第一位教练就对自己的队员说：“真不错，一次就打倒了七只！”他的队员听了表扬后感觉备受鼓舞，更加努力地训练，希望下次能打倒得更多一点儿，让教练更加满意。而第二位教练呢，则对自己的队员说：“你是怎么搞的？还有三只没倒！”队员听到教练的批评后，心情沮丧，也很不高兴，觉得教练没看到已打倒的那七只，光盯着没倒的，自己有啥进步和成就教练都看不到，那还那么努力干吗呢。过了一段时间后，第一位教练带的队员成绩越来越好，而第二位教练的队员则越来越差。

有时，只是一句简单的赞美或者是对工作的肯定，员工就会被激励，感觉到自己做的工作被肯定，从而更加努力地去工作，以求获得更大的肯定，追求自我实现。这种自发的努力会使公司上下充满着向上的力量。

曾任美国钢铁公司第一任总裁的查尔斯·史考伯曾说过：“能把员工鼓舞起

来的能力，是我拥有的最大资产，而使一个人发挥最大能力的方法就是赞赏和鼓励。”“再也没有比上司的批评更能抹杀一个人的雄心……我赞成鼓励别人工作。因此我急于称赞，而讨厌挑错。如果我喜欢什么的话，就是我诚于嘉许，宽于称道。”

在我们的管理工作中，要注意“保龄球效应”，采用合适的表扬方式，让员工的正面行为一级级放大，传递向上的力量。

表扬员工也需要一定的技巧，好的表扬方式会放大管理者的肯定，也会让大家更加清楚管理者的价值导向。

表扬要具体。这里所说的“具体”，是指表扬时要言之有物，可以是员工最近的工作业绩优秀，也可以是员工的努力，还可以是某次的表现值得肯定。

有的经理在培训中学到“要经常表扬员工”后，回去就开始实施。早上看到张三时，说“张三，你最近真棒啊！”中午看到李四，又说：“李四，不错不错。”刚开始效果还挺好的，不管是张三还是李四，都感觉非常出乎意料，工作也更加努力。可是第二天、第三天，这位经理还是在说：“你真棒！”“真不错！”员工们也听腻了，甚至厌倦了。他们感觉经理的表扬流于形式，没什么意义，也鼓不起劲来了。还有的经理在会上说：“××的工作做得很好，我们要向他学习。”具体好在哪里呢？也没有交代，这也会给员工一种空泛、唱高调的感觉，这样的表扬起不到好的作用，有时甚至会适得其反，让员工们反感。

好的表扬方法一定要注意结合实际情况，言之有物。比如说，你可以表扬说：“张三，昨天你及时把我们的货搬入了仓库内，避免了淋雨受损。你做得不错！”“李四，你这周的业绩比上周提升了15%，真不错！有什么好的窍门，回头给大家分享下吧！”……这样的表扬会让员工们感到自己的工作时刻都被管理者关注着，自己的努力都被管理者所欣赏，进而会产生一种认同感，还会产生一种“士为知己者死”的精神动力。

所以，在表扬员工时一定要具体，要指出员工值得肯定的地方，这样才会起到正面的效果。

表扬要真诚。在人与人的沟通中，从声音、体态可以感觉到是真诚还是虚假，是诚心诚意还是敷衍了事。人们都喜欢真诚的表达，而讨厌被人应付了事。管理者在表达赞扬时一定要把握好时机，千万不要为了表扬而表扬，口头上的几句漂亮话并不能带来员工的认可。

小方的专业是人力资源，在公司里负责行政、人力资源方面的工作。他在企业里做了一段时间，感觉书上说的、学校里学的与公司的现状对不上号。他觉得公司需要进行制度上的改革，以提高效率。于是他利用自己的业余时间，对公司的组织结构、人力资源、绩效考核等方面进行了考察，并精心写了一份报告，交给了人力资源经理。经理拿到报告以后，马上表扬小方："啊，真不错！小伙子真是有想法啊！"小方感觉到有些失落，他知道自己的想法肯定有幼稚的地方，也需要修改，但经理的表扬不但没让他感觉兴奋，反而听出了一种敷衍的态度。事实也确实如此，经理表扬之后就没了下文。小方最终离开了这家公司，他不需要这种廉价的赞扬，他需要经理的真诚。

经理如果想表扬员工，一定要真诚，发自内心地去表扬，这样才能给下属以温暖、信任。在上个案例中，经理如果在收到报告后认真阅读，然后针对其中的创新之处予以表扬，肯定了小方的工作后，再指出其中的不足，最后再跟小方说："从你的这份报告中，可以看出你对公司的用心。'治大国，若烹小鲜'，你的有些想法不成熟，我相信你可以修改得更完善。让我们慢慢地着手吧。"这样真诚的沟通方式一定会让小方更加努力地工作。

员工希望得到表扬，但不希望是"前途无量""干得不错""值得表扬"这类套话，他们希望管理者看到自己的努力，得到真诚的肯定。所以在表扬员工时，减少套话，让自己的表扬和感谢发自肺腑。

尝试采用间接表扬。间接表扬，就是指在当事人不在场的情况下进行"背后表扬"。运用得好了，间接表扬有时会产生非常好的效果。

在一般的团队里，管理者作为团队的领袖，其一言一行都会引人注目，所以不论是批评员工还是表扬员工都会传播得很快。在这种情况下，不妨采用间接表扬的方式。比如说，在公开会议上或者谈话交流过程中都可以根据情况表达对某个员工的赞扬。由于别人转述领导的表扬更加可信，被表扬者自觉更加有面子，所以会产生更好的效果。另外，背后称赞别人也是做人的修养之一。传播者也会在想："啊，经理这人真不错，为人很厚道，当面表扬不算，还在背后说人好话。他今天表扬张三，明天说不定还会表扬我呢。"这样，表扬的正面作用发挥得更加有效，管理者的威信也会因此提高。

有的管理者还会在别的部门经理面前表扬自己的员工。林经理在一次公司会议中谈到一个项目的完成，他顺口就说了："我们部门的陈晓真的很不错。这次项目有个合约上的漏洞，大家都没看到。本来跟他没关系，他却主动来提醒我，我再反馈到相关部门才算解决。这个项目能顺利完成，多亏了他啊！"于是，公司的中层、高层都知道了陈晓的名字和事情。后来这件事传到了陈晓的耳朵里，这位员工激动极了，没想到林经理给了他这么高的评价。他工作得更加努力，两年后不负众望，成了公司的骨干，多次受到公司的奖励。

所以，除了当面赞扬外，还可以采用间接赞扬的方式，有时会收到奇效。

表扬也要注意策略。表扬员工，最终的结果是鼓舞团队士气，所以要有策略地进行表扬。要善于发现员工的闪光点，不要只针对业绩突出，表扬的面要广，以鼓励最大范围为准。

团队里总有几个出色的员工，但是总表扬他们往往会给别的员工带来挫败感，说不定还会产生不利的影响。小宋的销售业绩在部门里总是最好的那个，每次开部门会议，经理都要重点表扬小宋。时间长了，大家与小宋似乎有了隔阂，平时聊天、聚餐也不和小宋一起。有时还会有人私下里议论小宋是不是用了什么不好的手段才获得好业绩。这些都给小宋带来了极大的心理压力。因为经理总是表扬小宋，反而让同事们嫉妒小宋，这就是表扬产生负能量的例子。后来小宋去找了经理谈话，经理改变了自己的做法，每次表扬时也会对其他员工的努力表示肯定，部门里的猜疑、嫉妒的氛围改变了，大家都得到经理的认可，效率也都提高了。

很多时候，管理者容易以成败论英雄，只要结果，没看到过程中那些付出了不少努力的员工。这些被忽略的员工因为没有获得领导的肯定，心理上会产生失败感。这些员工其实是最需要鼓励的，有时一句赞扬可能会让他们发挥出自己的潜力，达到自己也没想到过的业绩高度。

还有的时候，作为团队里的新员工，虽然做了很多努力，但是由于经验和能力不足，总是不能和老员工相比。这时，他们也非常需要得到上级领导的肯定。因此，关注一下刚进入部门的新员工，适时给予鼓励，比如说进步快、改变大、态度好，一句简单的肯定也会起到很好的作用。

因此，一个称职的管理者要善于利用各种机会对能够完成任务的普通员工去进行赞美，这不仅是对他们的肯定、赏识和关心，也是对整个部门工作的关注，在整个团队里都会带来正面效应。

6. 沟通需要同理心，是为了达成共识

管理者经常会有一个坏习惯，就是对员工颐指气使。因为感觉到自己的位置比较高，看得比员工远，所以在下达指令的时候往往采用命令的语气。如果员工对管理者的观点提出异议，管理者会感觉自己的权威受到了挑战，听不进去员工的话，反而会对员工有看法。时间长了，员工对喜欢强迫自己接受观点的管理者都很无奈，即便是上级做错了，员工也不会主动指出。这样部门里就成了“一言堂”。

目前，很多员工都是“85后”“90后”，这些员工往往个性张扬，不懂变通。他们心里藏不住事情，觉得不合适就会说出来。如果管理者不了解这些员工的心理，直接斥责，或强迫他们听从指令，往往会适得其反。说不定这些员工感觉不服气，会辞职了事。这对于团队的建设和稳定都带来较大的危害。

能成为管理者，是因为你身上有一些特质，比如说负责、顾全大局、果断等，所以很多管理者都会显得比较强势，希望员工能完全接受自己的观点。但是要知道，凡事都有多种可能性，有时候你的观点是正确的，但是别人看问题角度与你不一样，可能也不见得是错的。即便员工的观点确实不正确，也许你的心态放平以后，也会发现有可借鉴的地方呢。俗话说，“三个臭皮匠，顶上一个诸葛亮”。如果你经常一意孤行，对别人的合理见解视而不见，会导致团队里负能量积聚；员工有话不敢说。

孙经理担任部门经理，他发现本部门的考勤情况很差。孙经理认为纪律非常重要，部门员工如果经常迟到，就会造成劳动纪律涣散，导致员工精神面貌不佳，工作效率降低，所以他一到任就强调考勤工作的重要性。应该说，孙经理的

思路是正确的，没有规矩不成方圆。在他的倡导和要求下，员工迟到的现象少了很多。正当孙经理感觉满意的时候，部门里的张萍却连续迟到了两天。孙经理把张萍带到办公室里，张萍知道自己做错了，做了自我批评。孙经理说：“我不管你有什么借口，迟到就是迟到！如果下次再迟到，我就要扣钱了！”张萍只好点头表示明白。

其实，张萍是一位单亲妈妈，孩子今年刚上小学一年级，前两天孩子不舒服，早上起床迟了点儿，再加上家离公司比较远，所以来迟了。张萍的工作比较特殊，很少需要与别人交流，时效要求不强，完全可以把一部分工作放在家里做。她知道自己迟到给部门带来了不好的影响，所以想跟孙经理商量能不能采取弹性工作制，但是这个想法没有机会说出来。在受到孙经理的批评后，她的情绪很低落，甚至开始考虑是否应该辞职，换一份离家近、时间自由的工作。

孙经理谈完话后就忙别的去了。不久，人力资源部经理来找孙经理，她听说了张萍迟到的事情，就委婉地把张萍的家庭情况向孙经理介绍了一下。孙经理这才了解，再加上这段时间接触下来，张萍的工作表现不错，认真、踏实，他开始考虑自己是不是太过于强权了。于是，孙经理找张萍谈了一次话。他最终接受了张萍的建议，让她有一定的弹性时间。张萍的表现也没辜负孙经理的宽容，从来没有耽误过工作进度。

上面这个案例中，孙经理一开始就认为张萍的迟到不可饶恕，所以他强迫张萍达到他的要求。但是在了解了原因后，经过认真评估，他觉得张萍的建议也是可行的，从而达成了公司与员工双赢的效果。

在日常工作中，管理者要学会宽容，用同理心去寻求员工的支持。

同理心是一个心理学的概念，是指在人际交往的过程中能够体会他人的情绪和想法，理解他人的立场和感受，并站在对方的角度来思考和处理问题。

与员工沟通时具有同理心，就会很容易接纳对方的看法和感受，并关心、尊重对方的感觉，等到员工认可了你的时候，你再推出自己的观点，这样员工在信任的基础上就比较容易接受。

反之，如果没有同理心，在一开始沟通时你就本能地否定对方的看法，不认可对方，在认为自己正确的基础上试图证明员工的错误。而员工也不愿意认输，即便在口头上表示接受，心里也会对你持抵触态度。沟通结束后，员工并不服气，有可能一转身就对其他同事发牢骚，认为你是一个独裁者、专制者。

可见，具有同理心的沟通可能会有些迂回，然而“磨刀不误砍柴工”，当员工感受到你的关心后，后面的沟通就比较高效。

同理心沟通有两个特点：一是换位思考，表明自己对其观点的同意；二是适时表明自己的观点。

小张是部门里的销售高手，最近一段时间业绩却不容乐观。李经理看到这种情况，就找小张谈了次话。李经理本来想表达一下自己的关心，问小张有没有什么困难需要帮忙解决的，需不需要自己帮忙协调下客户关系。但是沟通结果给小张的感觉很不好，他觉得李经理认为自己能力不够，想对自己的工作指手画脚。最后沟通并没达到应有的效果。

沟通结束后，李经理反省了自己的问话过程，感觉自己过于理性，就事论事，虽然没有说错话，但是忽略了小张的感受，小张可能正处于受挫的时期，自尊心特别强，自己的帮忙反而会引起他的愤慨和抵触。李经理想清楚后，重新和小张做了一次沟通。谈话一开始，李经理就说：“上次我跟你聊过以后，你的感觉一定有些糟糕吧？本来业绩就比前阶段下降，正在着急的时候，我那么一催，你肯定更难受。”

小张的心理被李经理完全说中了，他虽然没说什么，但是心里的壁垒已开始松动。李经理又说：“以前我在做业务时也遇到过你这种情况，那时的心情啊，真像热锅上的蚂蚁，又着急，又不知道从哪里下手。客户那边，着急也没有用啊……”小张心里已经完全接纳了李经理，原来自己的处境李经理也经受过，小张好奇地问：“原来经理也遇到过这种情况啊，那你后来是怎么解决的呢？”就这样，李经理把自己的想法慢慢地说出来，小张既感觉到李经理对自己很理解，又觉得李经理的建议能够打破他目前的僵局，于是便接受了李经理的帮助。

采用同理心的方式与员工沟通，就像大禹治水，宜疏不宜堵。先了解员工的心情，站在他的角度考虑一下，然后顺着员工的思路疏导他的想法，最后把员工引到自己的观点上去。这样的沟通“润物细无声”，能起到很好的作用。

采用同理心沟通方式，具体该如何操作呢？

营造好的氛围。在和员工沟通时，不要一上来就带着居高临下的姿态，让员工感觉你在以势压人，那样有些话员工就不会愿意说出来。即便口头上唯唯诺诺，也只是阳奉阴违。需要管理者采取一个倾听、接纳、尊重的姿态，这样对方才会有安全感，不会像刺猬一样竖起自己的防卫系统，才会愿意表露自己真实的感受和看法。比如说，请员工来办公室时，可以另外泡一杯茶，坐在沙发上谈话，而不要和员工面对面，隔着一张老板桌。或者在谈话之前先聊几句家常话，问候一下员工的家人，住在哪里，坐地铁还是乘公交来上班，等等。这些话看似无聊，却可以减少员工的戒备心理，使他感觉到领导对自己的关心，很容易放松下来。管理者也可以训练一下自己的幽默感，适时开一个小玩笑，或说两句笑话，都有助于员工接纳自己。在一个好的氛围里，谈事情更容易水到渠成。

站在对方的立场，帮员工说出自己的想法。有句英国谚语说：“要想知道别人的鞋子合不合脚，穿上他的鞋子走上一英里就行了。”在与员工沟通时，无法达成共识大多是由于双方所处立场、环境不同造成的。领导认为员工无理取闹，员工认为领导强人所难，不符合基本情况，这怎么可能达成一致呢？这时，如果管理者站在员工的立场上，比员工更进一步地说出员工的感受，事情说不定就会很快解决了。

心理情绪的感受一致，是管理者通过换位思考揣摩员工的心理感受，和员工保持同样的心理和情绪，并且说出这种感受，与对方积极探讨。比如说，员工对你说：“经理，那件事情被我办砸了！”这时根据你平时对这个员工的观察，他是一个做事很认真的人，肯定不是有意失误的，他现在的心情一定很懊恼，感受挫败。这时你应该回答他：“啊，那你现在心里一定很难过。”而不要上来就问哪里做错了，能不能补救。这就是先做到心理同步了。

也许有人会说，有这个必要吗？我应该先问他错在哪里，看有没有解决办法吧！在公司里，业绩是最重要的，我管员工心里怎么想呢？其实，很多管理者都会这么想。事情总是要解决的，员工的情绪并不重要。但是根据心理学的统计，当管理者做到心理上的同步后，后续沟通的时间会短很多。当你直接质问员工，或者直接了解发生的事情时，员工的心里往往会带有一些抵触或担心，在描述事件发生过程时就会无意中带有一些掩饰，在潜意识里实际上是在为自己开脱。这样的信息无法给管理者提供全面、真实的决策参考，当管理者真正着手去补救时，还有可能走弯路。所以，心理上与员工保持一致在沟通中非常必要。

另外，在语言状态上也可以与员工保持一致，比如说一些员工的口头禅，或使用员工常用的词汇来与之交流，这样在细微处的一致会取得意想不到的效果。

适时说出自己的想法。同理心沟通，最终目的不是对员工表达你能理解他们，而是通过这一系列的技巧使员工最终能接受管理者的看法。所以要采用一些语言技巧，慢慢地把员工的思路带出来，最终水到渠成，让员工自己恍然大悟，原来自己以前的看法还是有缺陷的，领导的这种思路倒不错！这样，就不露痕迹地与员工达成了共识。

采用同理心的技巧，除了顺利说服员工外，还会让员工感受到领导的关心和爱护，事半功倍。

第五章
打造高绩效团队

一个团队领导者是否称职，表现是否卓越，是否具备领导力，不是靠自己来证明的，而是要靠所有团队成员的努力和业绩来证明。彼得·德鲁克在《未来的管理》中，把“Lead”（领导）解释为通过他人的努力去实现目标。

所以，管理者要学会借力，尤其是要依靠团队，借助团队力量，做好带头人，带领团队去执行，实现高绩效，这是最好的领导能力表现。

1. 使众人行，打造高绩效团队

在传统观念中，管理者都希望自己的员工能力越强越好，明星员工越多越好，崇尚个人英雄主义。而在现代企业中，明星员工却未必是一个积极的因素，个人英雄主义很可能是阻碍团队正常运作的负能量，如果管理不当，他们很可能会成为削弱团队战斗力的负面因子。《团队协作的五大障碍》的作者在书中讲了这样一个案例：

主人公凯瑟琳曾在圣弗朗西斯科一家知名零售公司负责一个财务分析部门，在她看来自己接管的是一个很不错的团队，其中有一个名叫弗莱德的员工，他工作能力出色，总是能保质保量地完成所有分配给他的任务。一段时间后，凯瑟琳发现弗莱德提交的报告不仅质量极高，而且他个人贡献的报告数量竟占到了部门的一大半。

但是部门的其他成员却无法忍受弗莱德，因为他从来不帮助别人，还嘲笑别人，让别人承认他很优秀，很多人都因此向凯瑟琳告状，凯瑟琳也正式地和他沟通了一次，最终还是容忍了他，她不想开除团队中表现最优秀的员工。

后来，团队业绩开始下滑，为了挽回颓势，凯瑟琳就将更多的工作安排给弗莱德，让他独挑大梁。谁知，这一举措令团队士气更加低落，其他人对弗莱德的抱怨有增无减，他对团队的负面影响已经超出了凯瑟琳的想象。

经过一番斟酌，凯瑟琳决定将弗莱德提升为经理，这下，团队一下炸开了锅，七个分析师有三个辞职，部门陷入一片混乱。

第二天，凯瑟琳就被解雇。几周后，弗莱德也离开了。公司新雇了一个人来负责那个部门，仅仅一周后，部门业绩就恢复到了之前的水平，而且是在缺少三个分析师的情况下。

最后凯瑟琳总结说："是我对弗莱德的容忍导致了这一切，他们解雇我算是做对了。"

这个小故事告诉我们，对团队中的明星员工一定要有清醒的认识，要妥善地管理和引导，发挥他们的优势，限制他们释放出那些令团队不和谐的因子。如果你在现实中也遇到了和凯瑟琳一样的问题，那么应该具备"壮士断腕"的决心。因为，如果要在单个明星员工和整个团队的和谐稳定上做出抉择的话，你应该牺牲前者，选择后者。个人英雄主义往往是团队的大敌。

我在企业中讲课时，发现那些高绩效的团队都有共同之处——具备团队思维的带头人、具有团队意识的员工。

（1）具有团队思维的带头人

前几天看到一幅使我印象深刻的漫画，画面是这样的：

一个穷人和一个富人分别坐在一条小溪的两旁垂钓。仔细一看，才发现，穷人倒是在正常垂钓，鱼钩投向了溪流中，而富人的鱼钩竟然直接投向了穷人的鱼桶里。

这幅漫画可谓寓意深刻，富人之所以致富，是因为他们有办法撬开穷人的口袋，让穷人自愿掏腰包，换句话说，他是在借助穷人的力量致富。

一名称职的管理者也要懂得这种借力的艺术，好风凭借力，送你上青云。天下最重要的"借"是什么？不是借钱和借物，而是借力。

从古至今，我们的领导者总是受到这种误区的影响——"喊破嗓子，不如做出样子"，对领导的要求总是什么身先士卒、率先垂范。当然，这本身是没有错的，但如果只知道亲力亲为，那么就有问题了。到头来，一个卓越的领导带着一群无能的下属，正如勤快的父母亲养出了一群生活不能自理的孩子。

这是谁的错？当然是上级的错，是父母的错。

其实，一个领导人是否称职，表现是否卓越，不是靠自己来证明的，而是要靠下属来证明。彼得·德鲁克在《未来的管理》中把"Lead"概括为通过他人的

作用去实现目标。

从大师的概述中，我的体会是：用他人之力者强，用他人之智者王。

所以，管理者要学会借力，具备团队思维，尤其是要依靠团队，借助团队的力量。

（2）优先考虑团队业绩，而不是个人成绩

在现实中，有很多员工总是习惯于将个人的工作表现视为上级管理和评估的依据。即便他们被告知是团队中的一员，也仍然会过度关心个人工作表现。这时，管理者需要做的就是帮助这些下属将注意力从个人的工作表现转移到团队的工作表现上来。如果你不做这个工作，依旧让下属把注意力放在自己的个人表现上，那只会造成个人与团队间的隔阂，阻碍了团队整体的高效性。

管理者应当优先考虑团队的业绩，而不是个人的成绩。当然，个人的成绩也不能忽视，但应该将其放入团队中来加以考量。因为整个团队的表现更为重要，如果团队没能取得成功，个人表现再好也于事无补。因此，要关注团队的整体表现，关注每个成员为团队的整体表现做出哪些贡献。这就需要在团队整体中体现这个原则。

（3）将个人放入团队中来考量

●让团队来监督个人的工作表现

在过去，一些管理者总是把纠正下属的工作表现作为自己的重点任务之一。而如果一个高效的团队能够建立起来的话，这种被动的情况就会有所改观。高效的团队在纠正、提高成员工作表现方面所起到的作用要比上级的监督有效得多。因为在团队中，一位不称职的成员面临着来自整个团队的带动、鼓舞、监督与压力。

●不要奖励那些无助于团队成功的个人表现

团队里会有能力非凡的成员，但他们并不是那种个人英雄主义者。团队中的杰出成员是指那些能够帮助团队实现整体目标的人。事实上，只要给予足够的时间，几乎每个团队成员都能成为杰出人物——他们在特定的业务上都能够为团队

做出重要的贡献。所以，如果团队中有哪个人做出了什么独特贡献的话，也不要单独予以奖励，否则将会造成团队其他成员的不平衡，如果处理不当，甚至会导致团队的分裂。

●将团队的表现作为评估个人表现的一个重要考量因素

对个人表现的评估其实并不能与团队表现相比较，但是团队领导者至少应将个人表现出来的合作意愿，以及将团队的目标置于自己的目标之上的态度等作为重要的因素来考量。

（4）选择有团队合作意识的员工

员工具备团队合作精神和团队合作意识，是打造高效工作团队的根基所在。如今，已有越来越多的企业在招聘人才时，把团队合作精神作为一项重要的考查指标。

IBM 人力资源部经理曾说："团队精神反映一个人的素质，一个人的能力很强，但团队精神不行，IBM 公司不会要这样的人。"SGI 公司（美国硅图公司）人力资源部也认为："SGI 公司生产世界上最先进的计算机，但世界上有一种仪器比计算机更精密，也更具有创造力，那就是人的身体。团队精神就好比人身体的各个部位一起合作去完成一个动作。对公司来讲，团队精神就是每个人各就各位，通力合作。我们公司的每一个奖励活动或者我们的业绩评估，都是把个人能力和团队精神作为两个最主要的评估标准。如果一个人的能力非常好，但他不具备团队精神，那么我们宁可选择后者。"

为了考查员工是否具备团队合作精神，苹果公司在招聘新人时有一项特别的测试，就是面谈，每一个新来的员工都要经过多次面试才能被录用。

苹果公司还会把自己的个人电脑产品——麦金塔式机拿给应聘者试用，让他坐在机器前感受。如果他没有显出不耐烦的神情，甚至眼前一亮，表现出非常激动的样子，那么这就证明他和苹果公司是志同道合的。

通过这种方式，苹果公司招到了一批志同道合的员工，他们有共同的目标，很容易就能进行密切的合作。正是这种团队合作的文化氛围造就了苹果公司一个又一个突破。

团队带头人应该加强对员工团队合作意识的考查，在工作中培养、灌输员工的团队合作精神。

2. 建设真正意义上的高绩效团队

在一场以“做合格团队带头人，向团队传递向上力量”为主题的培训课上，我曾给学员分享了这样一个案例：

2004 年 6 月，湖人队即将和东部活塞队在年度总决赛中相遇。赛前，几乎所有人都不看好活塞队，因为这是它 14 年来首次闯入 NBA 总决赛，球队中没有叫得响的大牌球星，开始时甚至很少人相信它能打到第七场。

相反，湖人队则拥有一个超级强大的明星阵容，拥有科比、奥尼尔、马龙、佩顿等超级巨星，每一名队员几乎都是全联盟中最优秀的，这支球队还有一个传奇教练菲尔·杰克逊。有人甚至认为这是近 20 年来 NBA 历史上阵容最强大的一支球队，因此，这次比赛的结果在人们看来也是没有任何悬念的。

然而，比赛结果出乎所有人的意料，不被看好的活塞队竟然爆了一个大大的冷门，他们竟然轻松击败了湖人队，取得了总决赛的冠军。

如果仔细分析这次比赛的话，可以看出活塞队并不是侥幸取胜的，湖人队的失败也有其必然性。科比、奥尼尔这两个超级巨星都认为自己才是球队的头牌，是球队的领袖，因而在比赛中争风吃醋，并没有全力配合；马龙和佩顿的目的好像只有一个，那就是得到总冠军戒指，因而也无法融入到整个球队中，进而也就无法发挥出他们各自应有的力量。这样一支由明星组成的球队在赛场上却是一盘散沙，战斗力大打折扣。

所有团队管理者都期望自己的团队成员的力量能够正向叠加，而不是相互抵消递减，都希望团队能够发挥出“1+1＞2”的效果。看似拥有强大阵容的湖人队遭遇了惨败，从团队合作的角度去分析，这种结果倒也不很意外。**因为比赛中**

的湖人队，充其量只是一个临时拼凑起来的团体，而不是一个紧密配合的战斗团队。这种临时“群体”称不上是一个高绩效的优秀团队，只是徒有团队其表，而无团队之实，成员力量是呈递减而非累加的趋势，整体战斗力缺乏。

随后，就这个发人深省的案例，我引入了高绩效优秀团队和一般工作群体的区别，并让学员展开讨论，大家各抒己见。

一位张姓销售经理说：“根据我的理解，可以从领导和责任两个方面去理解群体和团队的区别。从领导方面，作为群体，它应该有明确的领导人，团队就可能不一样，尤其是发展到成熟阶段的团队，成员可能已经共享决策权，这样每个人都是领导者。从责任方面，群体的领导者要负大部分责任，而团队中除了领导者要负责之外，每一个团队的成员也都要负责，甚至要一起共担重任。”

另一名从事人事工作的学员说：“在协作和所具备的技能上，群体和团队也有着本质的差别。首先说协作，在群体中，其协作性可能只是中等程度的，有时成员在协作中还会产生一些消极情绪，甚至是对立的，而团队中则要具备齐心协力的氛围；再说技能，群体成员具备的技能很可能是重叠的，而团队成员的技能是相互补充的，是由不同背景、不同知识、不同技能和经验的人组合在一起的。”

最后，有一名学员从另外的角度进行了补充：“举个简单的例子，一个培训班上的学生就是一个群体，老师扮演的是群体领导的角色，他比较看重的是学生的个人表现，对其成绩的评估也是以个人能力为衡量标准的，班内的学生并不具备相同的知识和技能，也不具有相互依存性，因此只是一个群体。相反，一个足球队则可被看作一个团队，因为所有的团队成员都在围绕一个共同的目标而奋斗，那就是赢得比赛。

“同时，球队看重的也是团队配合而非个别人的表现，因为在比赛中，所有的队员具有相互依存性，为此，他们还进行了相应的分工，每个队员都有自己的优势，中场、前锋、后卫、门将，赢球的结果其实就是他们完美配合的结果。也就是说，群体和团队在相互依存性以及目标上也是不尽相同的。”

这些身处管理一线的学员从各自的视角提出了个人见解，也道出了很多人的心声，领导、责任、协作、技能、相互依存性和目标，确实是区分团队和群体的几个方面。

如果说以上各要素是衡量一个好团队是否名副其实的“硬件”的话，那么，我还需要补充的是好团队的“软件”。

（1）领导者要切实负起团队领导责任

1973年，德鲁克写了一本书——《管理：任务、责任、实践》，书中有多达36处谈到“责任”。可见，承担责任是管理者的一个重要职责。

在我国，领导者经常被称为“负责人”，这一说法可谓寓意深刻，所谓“负责人”，就是要切实负起责来。

敢于承担责任，是管理者的一种责任。当团队出现问题时，不应推卸、指责和埋怨，而是要从团队管理、自己的工作方式、成员存在的问题与不足上去寻找原因，这样才能让团队成员信服，向他们传达积极的力量。

据说，杜鲁门就任美国总统后，便在自己的办公室挂了一条醒目的条幅：“扯皮到此为止。”每一位管理者都应该仔细品味杜鲁门总统的格言。假若你对团队的工作成绩和绩效不满意，请先从自己的管理能力上去反思。

（2）善于发挥自身的影响力

拿破仑·希尔曾经说过：“在别人的影响下生活着，就等于不属于自己，就等于被别人的意志给俘虏了，这样的人即使再优秀，也不会登上一把手的位置。”

确实，影响力弱的人只会被他人影响。而一个有强大影响力的人，身边总是会有很多追随者，因为他们会不自觉地受到他的吸引。一个有强大影响力的领导工作起来也会感觉更加轻松自如，因为下属更愿意真心接受他的领导。

在我看来，不论是人与人之间的交往，还是管理行为，通常都是影响力之间的较量，只有具有卓越影响力的人才能成为真正的强者，才有可能成功。因此，如何塑造个人影响力，如何通过个人影响力来增强自己对团队的领导力，是现今企业管理者们必须修炼的课程。

哈罗德·孔茨曾说："领导是一种影响力，或叫作对人们施加影响的艺术过程，从而使人们心甘情愿地为实现群体或组织的目标而努力。"

是的，如果说传统意义的领导者主要依靠权力，那么现代企业的领导者则更多是依靠其内在的影响力。

所谓影响力，是一个人在与他人交往的过程中，影响和改变他人的心理和行为的能力。领导者的影响力，是指在人际交往、群体和组织中，领导者影响和改变被领导者心理与行为的能力。

领导者的影响力表明了一种试图支配与统率他人的倾向，从而使一个人采取各种劝说甚至是强迫的行动来影响他人的思想、情感和行为。无论是观点的陈述、障碍的扫除，还是矛盾的化解、风险的承担，具备该素质的人都会以愿望或实际行动的方式推动其实现。因此，能够如此去施加影响力的这类管理者通常能够在一个团队里树立个人权威。

（3）合军聚众，务在激气

在雁阵中，我们注意到了这样一个有意思的现象：飞行在后面的大雁会利用叫声来鼓励前面的伙伴，以此保持整体继续前进。

鸟雀尚且需要鼓励，何况是人？在更多时候，人在专心工作时都希望从背后传来的是鼓励的声音，而不是其他什么噪音。

古代军事家孙子认为："合军聚众，务在激气。"即主张运用激励的办法来鼓励士气。革命家秋瑾也曾说："水激石则鸣，人激志则宏。"

汽车需要加满汽油才能开动，当汽油用完了，汽车要人推着才能走，否则汽车会失去动力，很快就停下来。如果油箱中的汽油一直是满的，那么车内的发动机就能够驱动汽车不断前进。团队和激励的关系也是这样，没有激励，团队成员就很难动起来，更不可能鼓起冲劲，发挥潜能。

激励是调动团队成员的积极性、主动性和创造性的一个重要方式。对工作出色的、有突出业绩的员工，要大张旗鼓地进行表扬、鼓励、奖励，要敢于重奖，奖得让人动心，产生竞争意识和争先创优意识。

对完不成任务、工作平庸者，则要及时进行警示和采取相应的制裁措施。做到奖罚分明、客观公正，奖得让人感到满意，罚得让其心服口服。这样，团队内部才能形成愉快合作的工作气氛。

(4) 冷制度，热管理

没有规矩，不成方圆。团队需要制度来维系，制度是冷的、固定的、方的，这是无可动摇的原则，必须坚持。同时在团队建设中，各种方式的人性化管理又是热的、灵活的、圆的，它对团队起到了关键性的稳定作用，也能激发团队的整体活力和创造力。二者皆不可抛弃。

对于这个问题，还可以从“管理”二字的字面意思上来看，“管”，是制约，是对严格执行制度、丝毫不许偏差的监督、检查，是一种“刚性”的表现；“理”，是梳理，是按照人的情感、思路及价值取向等对人和事进行号脉治理，是一种“柔性”的表现。“管”和“理”的结合，就是刚柔相济的结合。也就是在不失严肃的同时，对团队成员充满爱心。严肃是指制度层面上的，爱心则是指情感层面上的。

3. 协同作战，让“1+1>2”

俗话说：“一个和尚挑水喝，两个和尚抬水喝，三个和尚没水喝。”

我还听过这样一句话：“一只蚂蚁来搬米，搬来搬去搬不起，两只蚂蚁来搬米，身体晃来又晃去，三只蚂蚁来搬米，轻轻抬着进洞里。”

这两种说法描述的是两种截然不同的现象，它们正是现实中两种工作团队的表现。

一种是失败的团队，团队成员都各自为政，不懂得配合，无法有效发挥团队合力，就像三个和尚。

一种是成功的团队，他们密切配合，协同行动，能够带来“1+1>2”的绩效，就像“三只蚂蚁”。

我听说，早在18世纪，法国伟大的军事家拿破仑就得出了这样一个结论：“两个马木留克兵绝对能打赢三个法国兵，一百个法国兵与一百个马木留克兵势均力敌，三百个法国兵能战胜三百个马木留克兵，而一千个法国兵则能打败一千五百个马木留克兵。”

造成上面强弱变化的原因在于马木留克骑兵尽管单兵素质较高，但缺乏团队意识，不懂得配合，只是各自为，而个人力量不甚强大的法国骑兵却有着严格的纪律、严密的组织，这种纪律性和组织性使他们非常善于协同作战，凝聚成了一个紧密配合的战斗团队，因此他们的力量就不仅仅再是单个人力量的简单总和，而是一种呈等比级数裂变的新力量，能够无坚不摧。

军队的管理之道历来被很多企业管理者学习借鉴。从协同作战这一点上来看也不例外，美国管理学教授斯蒂芬·罗宾斯在他的著作《组织行为学》中给团队下了定义：“工作团队通过其成员的共同努力能够产生积极协同作用，共同努力的结果使团队的绩效水平远大于个体成员绩效的总和。”

团队的整体绩效之所以大于个人绩效之和，就在于团队工作的协同效应。

团队协作，可以缩短工作任务的完成时间。

团队协作，可以提升工作的实际绩效。

团队协作，还能够提高团队成员的工作能力、合作精神和信任程度。

团队协作，也是组织降低成本、提高效率、增强竞争力的有效手段。

创建高效的工作团队是管理者的重要目标，而创建高效的工作团队的关键就是发挥团队成员的协同效应。真正亲密无间的团队协作需要建立在一定的基础之上。

（1）发现人才、培养人才

在人岗匹配的问题上，很多企业和管理者都有自己的苦衷。

一个企业老总这样感言：“刚刚做完企业战略咨询，但手下没有合适的人，外聘不理想，事情不好办，只好将花费几十万甚至上百万的战略方案锁在柜子里，无法实施也不敢实施。”

也有企业老总如此感慨：“企业战略实施得不理想，好多事情到关键时刻却执行不下去了，手下无人可用，平庸的人太多，大事做不了，小事还凑合……”

还有更多的管理者感觉很无奈：“市场竞争越来越激烈，客户要求也越来越高，虽然重构了团队，但由于没有合适的人，勉强实施了一段时间，效果不理想，只得暂缓实施上级制定的战略。”

难道企业真的就无人可用吗？当然不是，之所以出现上述现象，其原因是企业、团队内部尽管看似有很多人，但是却没有符合岗位要求的人。那么，企业、团队岗位究竟需要什么样的人？很多人认为，企业、团队需要的是有抱负的人、能干事的人、理解战略变革紧迫性的人、经验丰富的人、能吃苦的人、反应敏捷的人、有团队意识的人、不计较个人眼前得失的人……

这样“十全十美”的人才显然是不存在的，团队建设中的关键问题也不是找到完美的人，而是组建一支具备各方面优势的员工的完美团队，做到人岗匹配，而不是将十项全能集中于一人身上。

管理学中有一个著名的“木桶定律”，其意思是说一个由多块木板构成的木桶，其价值在于其盛水量的多少；但决定木桶盛水量多少的关键因素不是其最长的板，而是其最短的那一块板。某一块木板或者几块木板再高都没有用，突出的木板一样不能盛水，反而是最短的那块木板在制约着木桶的盛水量。这块短板本身是有用的，只是因为它太短了，反而影响了整个木桶的容量。

“木桶定律”应用在管理上，木桶就好比团队，单块的木板就像是个体员工，同样的道理，团队的战斗力也是取决于“团队中的短板”，即团队中能力最差的成员。

要想避免团队中出现“短板”，就需要发现人才、培养人才，使每个人都能在团队中找到最适合自己的位置，如此，才能收到事半功倍的效果。

（2）互相信任的团队成员

高绩效团队的一个特点是，团队成员之间相互高度信任。也就是说，团队成员彼此相信各自的正直、个性特点、工作能力。当一个团队或组织超过一个人时，信任就变得尤其重要。团队成员相互之间的信任度越高，就越有助于团队协作。

相互信任就仿佛是团队内部的“润滑剂”，它既能够有效减少团队成员之间的摩擦，消除内部冲突带来的内耗，同时也能够促进团队更加有效地运转，更加高效地协作，也就是起“润滑剂”的作用。

关于信任的话题，下面我还会详细来说。

（3）充分的信息共享

团队协作也是建立在信息共享之上的，一个团队如果信息不处于共享状态，那么效率就得不到提高，效率关系着利润的实现，结果可想而知……

团队协作的过程需要共享信息。提高团队协同作战能力的一个最佳方法就是相互之间分享信息，这种分享既包括上下级之间的分享，也包括同级之间的分享。这对团队领导者来说，有时意味着要公布一些被认为是机密的信息，包括一些敏感和重要的话题，如竞争者的行动、未来的商业计划和策略、财务数据、行业问题、团队行动对组织目标的贡献以及绩效反馈。更多的信息共享会让团队及时捕捉机会，迅速展开统一行动。

（4）“不抛弃，不放弃”的团队合作理念

“不抛弃，不放弃！”这是电视剧《士兵突击》中钢七连的信念，这句话容易让人联想到美国电影《拯救大兵瑞恩》。《拯救大兵瑞恩》这部电影上映时曾引起很多争议，很多人心中的疑问是：牺牲这么多的人去拯救一个瑞恩，究竟是值得还是不值得?

对于这个问题，如果从表面数据上看，当然是不值得，因为为了拯救一个人而牺牲了更多人。但从深层意义上看，这种行为却是值得大大提倡的，因为美军试图通过此举向所有士兵传达这样一个信念：美军是一个紧密配合的战斗团队，他们不会丢下任何一个人。

千万不要小看了这一信念，它会让战场上的士兵丢掉后顾之忧，竭力协同作战，帮助自己的伙伴，也会给身陷重围、陷入绝境的人带来生的希望。否则，如果没有了这种信念，士兵在战场上就会各自为战，一旦战局不利，就会不顾同伴，各自逃命。

4. 信任是成本最低的管理方式

有两只鸟在一起生活，雄鸟采集了很多果仁让雌鸟保存。

过了一段时间，由于天气干燥，那些果仁脱水变小，一大堆果仁看上去只剩下原来的一半。

雄鸟一看，怒了，认为是雌鸟偷吃了，一气之下就把它啄死了。过了几天，下了几场雨之后，空气湿润了，果仁又涨成满满的一巢。雄鸟十分后悔地说："是我错怪了雌鸟！"

团队成员之间共事，何尝不像上面的雌雄鸟一样，在实际工作中充满了猜忌和不信任，导致原本积极向上的团队能量悄然消逝，我看到很多团队之所以战斗力不强，其实就是毁于猜忌和提防。

信任是构建高绩效团队的前提，而信任本身就是一种向上的力量。如果团队成员之间怀着戒备、猜疑的负面心理，就容易产生内讧，分散精力，不利于团队目标的完成。在企业中，只有沟通渠道畅通、信息交流频繁，团队成员之间才不会有压抑的感觉，工作才容易出成效，目标才能顺利实现。

在与人交往中，人们最重视的就是彼此是否信任。没有信任就不能很好地相处，更不能就某一问题达成共识。而达成共识这一点对于管理者来说至关重要，它是融合下属的关键。一个成功的管理者能够领导团队不断发展，不仅仅是因为管理者的个人魅力，更主要的是管理者与团队成员之间的相互信任。如果管理者能做到和员工之间彼此互信，那么其管理一定是高效的。

从国外回来的朋友曾对我讲过这样一个经历：

一次，他在纽约参观著名的大都会博物馆，在入口处花钱买了一张金属质地的门票，可以别在衣服上。在参观的中途可以出来，再回去的话仍然可以用，而且是不限次数的。更让人诧异的是，这种门票的颜色、样式并不是每天都换，而是都一样。

于是朋友就问同去的友人："这种情况下，会不会有人把门票带回去，隔天再来？或是来两个人，只买一张门票，其中一人再把门票带出来，交给另一个人？"友人回答："美国人的想法很简单，进去就要买门票，不再进去就交回门票。因为他们相信大家都是奉公守法的，所以博物馆的工作人员很少，效率很高。"

由此可见，人与人之间彼此的信任度越高，管理起来也就越简单，越容易，彼此方便，成本自然下降，工作也越愉快。相反，彼此猜疑、防范、围堵、监督，不但会降低工作效率，也会造成上下级之间的隔阂，不利于团队战斗力的发挥。因此，盛大网络总裁陈天桥说："信任是成本最低的管理方式。"

(1)从自身做起，赢得员工信任

上下级能否彼此互信，关键在于上级，以下几个要点能够帮助你在自己的部门、团队内真正建立信任，迈出融合的第一步。

第一，要建立一个互信的工作环境。

首先要展现信任，并要为此制定相应制度和流程，来保护部门内大多数需要和应当被信任的员工不受一小股坏势力的影响。

第二，分享信息。

建立信任关系的一个最佳方法就是分享信息。分享信息有时意味着公布一些被认为是机密的信息，包括敏感和重要的话题，如公司未来的商业计划和策略，财务数据以及绩效反馈等。给员工更多的信息，意味着向员工传递信任和"我们在一起"的感觉。这能帮助员工从更宽的角度看待部门乃至整个组织以及内部各种群体、资源和目标的相互关系。

第三，诚恳待人。

每个人都愿意跟随自己信任的人，上级如能开诚布公，即使对待坏消息也能用一种开放和诚实的态度，那么就能建立牢固且长期的信任关系——无论在内部还是外部。

第四，经常交流、反馈信息。

管理者要按时与员工进行交流，了解他们的工作进展。这能够使管理者在事态变得严重之前就掌握问题所在，在恰当的时候给予员工绩效反馈，从而能够大大提高员工实现绩效目标的概率。

第五，积极解决问题。

积极解决问题意味着要把问题摊在桌面上，给予员工机会去影响整个过程。当管理者扩大员工的影响圈，员工就更愿意接受最终的结果，因为他们不再感到自己是被控制着的。这将提高信任关系，提高管理者的信用度。

第六，勇于承认错误。

管理者也有犯错的时候，这本无可厚非，关键要勇于承认错误。管理者承认错误并不会被视为懦弱——而是被认为是正直的，值得信赖的。

（2）彼此相信各自的正直、诚信、工作能力

俞敏洪说，一群人可以是一个团队，也可以是乌合之众。团队意味着精神上的契合，目标上的一致，行动上的配合，困难中的鼓励，失败中的给力；团队意味着你可以孤独，但不是一个孤独的存在，当你需要帮助的时候，战友就在你身边伸手，团队就在你身后扶持。

有一种名为“信任背摔”的军事训练项目：一名士兵站着向后倒下，而其他士兵则伸出双手保护他。倒下的士兵之所以敢倒下，是因为他绝对相信他的战友会在后面保护他。

很多企业为了训练团队成员之间的信任感，也纷纷在拓展训练中引入了“信

任背摔”。

因为团队成员之间高度信任是高绩效团队的一个共有特征。也就是说，团队成员彼此相信各自的正直、诚信、工作能力。团队成员之间的信任度越高，越有助于团队协作。

相互信任就仿佛是团队内部的“润滑剂”，它既能够有效减少团队成员之间的摩擦，消除因内部冲突而产生的内耗，同时也能够促进团队更加有效地运转，更加高效地协作。

当团队成员之间缺乏信任时，他们就会将更多的个人时间、精力投入到对其他人行为的揣测、观察上，以避免自己的利益遭受损失，事实上这是一种个人的“趋利避害”行为。相反，当团队成员之间充满信任时，他们就会将更多的个人时间、精力投入到可以为团队带来实际收益的工作中。可见，团队中缺乏信任将会极大地提高团队的监督及运行成本。反过来，互相信任的团队氛围则可以有效降低企业的运行成本，提高团队效能。

要想检视你的团队是否具备互信的氛围，可以看看团队成员是否对以下问题表示认同：

●团队对他们非常重视。

●能为实现团队共同目标贡献力量。

●与自己周围的人有着相同的价值取向、工作目标和决心。

●能够自己做出的决策就不需要别人来插手。

●自己和别人一样被公平对待，有相同的机会来实现自己的价值。

●上下左右之间可以自由接受和反馈意见。

●团队内部交流能够开诚布公并随时进行。

●能够毫不为难地要求别人做得更好，别人同样也可以要求自己。

●信任别人做出的承诺，别人也一样信任自己的承诺。

团队成员对上述问题的认同程度越高，说明你的团队信任氛围越好。在日语中，有这样一个很有深意的字——“儲（儲ける）”，它的意思是“获利”，我们再仔细看一下，它其实是由两个汉字“信者”构成的，其含义就是，要首先赢得人们的信任，才能够获利。

作为管理者，也应该致力于让团队成员互为“信者”。

（3）构建畅通无阻的信任体系

团队是一个命运共同体，成员之间需要合作，需要分享，相互间需要无私奉献，否则团队协作的效力就会大打折扣，而所有这些要素都要建立在信任的基础之上，缺乏了信任，这些都将不复存在。因此，对于团队领导来说，在团队内部构建一个畅通无阻的信任体系是必不可少的。

团队内的信任体系通常包含两条主轴、三个要点。

两条主轴是：第一，管理者对团队成员的信任，这主要表现为团队管理过程中的透明度和公开性，也就是在决策过程中要做到高度公正，在团队管理中要强调共同参与，以及各岗位个人能力的不断提高等。

第二，是团队成员相互间的高度信任，即团队成员必须彼此相信各自的正直、诚信和工作能力。不过，信任往往需要较长时间才能建立起来，不是一蹴而就的。

三个要点是：信念、信心、信任。也就是对团队的前途树立坚定不移的信念，对人生树立正确的信念；对实现事业目标有足够的信心，对克服前进中的困难有信心；同事之间互相信任、相互忠诚，以善意的心态理解和支持同事的生活和工作。

（4）用合作的态度而非埋怨的态度来处理团队冲突

团队冲突是影响团队成员之间相互信任的破坏性力量，作为团队管理者，一定要妥善处理团队冲突。

当冲突发生时，冲突双方应该冷静下来，各退一步，如果各不相让，针尖对麦芒的话，只会令冲突进一步加剧。

来看一个案例：

销售部为了提高业绩，需要扩大销售队伍，就向人力资源部提出了招聘申请，过了很久，人力资源部都没能为销售部招到合适的员工。

面对这种状况，有两种处理方式。

第一种，互相埋怨，导致冲突升级。

销售部经理："这么长时间过去了，你们竟然没能招到一个合适的人，真不知道你们人力资源部每天都在忙些什么，如果销售部完不成今年的任务指标，你们负有不可推卸的责任！"

人力资源部主管一听，火气也上来了，说："你这是站着说话不腰疼，现在网上招聘效果不理想，各种人才交流会也没有什么优秀的人才，采取其他方式，上级又嫌费用高，你让我怎么办？再说，你们自己的用人要求也有问题，老想出最低的薪资来招到最优秀的人才，是你们把招人想得太简单了！"

这样争吵下去，结果只能是：

●争吵越来越激烈，甚至演变为人身攻击，现有矛盾不仅得不到解决，还会制造出更多新的问题，甚至会产生个人恩怨、过节。

●争吵无果，让上级去评理，双方谁也不服谁，矛盾更深，裂痕更大。

●矛盾扩大到两个部门之间，引起更大范围的不合作，不利于工作的进一步开展。

第二种，合作方式，冲突得以化解。

销售部经理："人力资源部的同事辛苦了，这次销售人员招聘之所以不顺利，我们这边进行了反思，可能是对人员的要求界定得不够清晰，也可能是太理想化了。"

人力资源部主管："其实这个问题也并不全怪你们，这是一个普遍存在的现实，各家公司都面临着这种情况，这件事我们会加大力度，尽快为你们解决人手不足的问题。"

这种处理方式带来的结果就是：

●冲突被消灭在萌芽状态。

●影响团队合作的因素被消除，同时也为今后类似问题的解决提供了一种新的思路，即双方都能够换位思考，能够从理解对方的角度去考虑问题，从而形成团队合作的良性循环。

●团队价值得到体现，合作能力得到明显提升，工作目标顺利达成。

面对同样的问题，采取不同的方式会带来截然不同的结果。所以说，在对待团队中的冲突时，单纯的争吵解决不了任何问题，伤了感情还于事无补。这时，就不妨换一种思路，采取合作的方式，多从自己身上找问题，多替对方考虑，才能拨云见日，柳暗花明又一村。

5. 树立共同目标，劲往一处使

有一项关于团队建设的调查：

当问及团队成员最需要团队领导做什么时，有 70% 以上人的回答是："希望团队领导指明目标和方向。"

而当问及团队领导最需要团队成员做什么时，有 80% 的人回答为："希望团队成员朝着目标前进。"

由此可以看出目标在团队建设中的重要性，它是团队从上到下所有人都非常关心的事情，有这样一句话："没有行动的远见只能是一种梦想，没有远见的行动只能是一种苦役，远见和行动才是世界的希望。"

不过，对于团队，有了目标，有了行动的远见，并不意味着有了希望。

话说有三只老鼠结队去偷油，来到油缸顶才发现缸里的油只剩下了一点点，它们谁也够不着。三只老鼠于是商议了一番，想到了一个办法：它们首尾相连在一起，就能够着缸底的油了，这样可以先让第一只老鼠喝，然后交换位置，再让其他两只来喝。只不过，当第一只老鼠被放下去最先喝到油时，它在想："今天算我幸运，第一个下来，尽管油不多，但自己完全可以喝饱。"中间的老鼠在想："剩下的油太少了，如果都让它喝完，我还喝什么，不如把它扔下去，我也跳进去喝吧。"最上面的老鼠也在想："油这么少，等轮到我，可能早就没有了，还是放开它们，自己也下去喝吧。"

这样，上面两只老鼠相继松开了下面老鼠的尾巴，抢着跳了下去，结果，三只老鼠都落在了油缸里，再也出不来了。

几只老鼠的可悲下场是由于团队成员追逐与团队总目标不一致的个体小目标

造成的。可见，仅仅有团队目标、团队追求是远远不够的，它还必须和所有成员的目标、期望融合起来，形成共同的目标、共同的期望，这样才能调动员工的积极性、主动性，使员工为了团队目标发挥个人潜力。

团队要有一个团队成员都一致认可的目标，这个目标足够激励所有成员兴奋起来，行动起来。它可以激发团队成员的内在潜能，调动人的积极性；同时，这也是团队目标以人为本、尊重个人的体现，它激发了每个人自动自发的工作意愿，善用它将是成功的保证。

五个人组成的篮球队与四个人组成的篮球队比赛，得分不一定是5∶4，而很可能是5∶0。一个几千人的彩电装配工厂，只要其中一组人不工作，其产品就无法出厂，因为谁也不会购买有缺陷的产品。

在一个团队里，大家的心态、观念、能力都不一致，正所谓“百人百心”，作为一个领导者，你必须具备妥善处理团队中“百人百心”的能力，把大家拧成一股绳，激励大家为了共同的目标而发挥潜能。

科学合理的团队目标一定要能够实现组织目标和个人目标的有机统一，而且从管理上讲，将个人愿望融入团队目标也是可以实现的。

（1）以人为本的团队目标

构建融合的团队目标，要求管理者要做到以人为本。**管理者要关注团队成员个人的目标，容忍和接受每个人的内在要求，尊重每个人的个性差异并加以利用，实现组织目标和个人目标、个人与个人、领导和下属之间的和谐发展。这才能够有效增强团队的生命力和战斗力。**

C公司是一家中外合资企业，在该企业销售部经理的办公室里竖着一张写满了密密麻麻小字的大白板。走近一看，上面竟然是每个员工的姓名以及他们这一年的目标。每个人的目标都各不相同。比如有争取升职的，有渴望加薪的，有希望把父母接到身边一起生活的，有想要生个小宝宝的，也有想多攒点儿钱买一套属于自己的房子的，等等。

销售部经理把写满员工个人愿望和目标的白板竖在了办公室最显眼的位置，以便自己随时能看到并熟记在心里。每次与员工见面交谈的时候，他都能够对号入座。一边在头脑中考虑着团队的总目标和他们当年的个人目标，一边与他们进行交流，可以想象，这样做效果出奇地好。

后来，有人问这位经理，为什么会想到这种目标管理方式，他说："如果没有员工的齐心协力，部门、团队就无法生存下去。因此，管理者有责任有义务去帮助员工实现各自的愿望和目标。如果能够时刻关注员工的目标和期望值，并在适当的时候给予真心诚意的帮助，那么员工回馈给部门、组织的将比投入的多得多。"

该经理显然深谙团队融合之道，因为他明白团队目标和员工的个人期望是并行不悖的，是可以有效地融合在一起的。

（2）团队目标要有助于实现每一个成员的价值

如果团队的目标能够鼓励它的成员寻找和实现自我价值，并努力为成员创造发展和取得成就的条件，如提供具有一定挑战性的工作、相当的机会、略具弹性的工作时间、能激发竞争意识的激励措施等；在这样的工作氛围里，成员的价值就能够得到更高的体现，每一个成员都会因为自身价值的实现而提高对团队的满意度，团队目标因此也比较容易展开实施，并且取得好的成绩。

（3）对个人期望与团队目标矛盾的处理

个人期望和团队目标总有冲突和矛盾的时候，如何处理这种矛盾，考验着一个管理者培育员工的能力。

显而易见，为实现团队目标，个人需要做好放弃自己一部分利益的心理准备，但几乎每个人都有短视或自私的行为，不愿意更多地为他人考虑、为团队考虑，缺乏分享精神，这就需要管理者在团队建设中去引导、培养。

管理者要引导员工承认他人的贡献和存在价值，带动员工分享团队取得成果的喜悦，引导员工围绕团队共同目标去奉献自我，获取个人所得，分享荣誉。这就是将个人追求融入团队目标的体现。

6. 绩效和结果是检验执行的唯一标准

前几天，在一次企业咨询研讨会上，一位同行向我讲述了他在一家企业看到的真实情况。

他们有一个销售团队，人情味儿十分浓厚，领导如同家长一般，同事就像是兄妹，经理和员工经常在一块儿吃饭、娱乐，上下总是一团和气。领导分派的任务，下属甚至可以讨价还价。

员工有一丁点儿事就会请假，而领导也会准假；员工心情不好就跑到部门领导甚至到部门领导的领导那里倾诉；管理者基本都是以“好人”的面孔出现，不论上下，皆可越级汇报、越级告状，员工都很清楚什么事情该找哪位领导说情，什么事情该找哪位领导通融。

不仅如此，员工看到管理比较宽松，就开始思想懈怠，自律性不强，工作积极性欠缺，责任感也较差。譬如，办公室空调只开不关，个人电脑下班不关，在办公室吃早餐，上班一直挂着 QQ，总是浏览一些和工作无关的网页，下班时间一到就急不可耐地离开，即使当日的本职工作未完成也不配合加班……

总之，在该部门，工作气氛好得如同在家一般，部门经理以为这样的管理会打造一种“和谐”的团队工作氛围，卸掉员工不必要的包袱，员工就会用热情的工作态度来回报他，部门的销售业绩就会直线上升，可事与愿违，团队销售业绩并没有往他所设想的方向发展。

究竟是团队管理者错了，还是员工错了？我们讨论了许久。

其实这背后隐藏的是一个团队究竟因何而存在的问题，要我说这个销售团队的管理者就是没有弄清团队存在的意义，他忽略了团队离开了绩效也就不成其为

一个团队的事实，只是一味地推行追求团队和谐的人性化管理。其结果也只能是背离团队组建的初衷，这种看似其乐融融却不能创造绩效的团队，事实上是没有存在价值的。

我看到过这样一段话："有计划，没行动，等于零；有进步，没耐心，等于零；有任务，没沟通，等于零；有能力，没发挥，等于零；有创造，没推销，等于零；有知识，没应用，等于零；有目标，没胆量，等于零；有付出，没效益，等于零；有意志，没持久，等于零；有热情，没定力，等于零。"

对于团队，也是如此。

没有业绩，再伟大的团队战略都等于零，再好的团队氛围也都是徒劳。

任何团队考核其工作成效的标准只有一个，那就是结果和绩效。唯有结果和绩效才能体现一个团队的价值。结果和绩效是团队的生命，没有结果，其他的一切都没有说服力。

"不管白猫黑猫，会捉老鼠就是好猫。"一个团队对结果的追求应占据超越一切的重要地位。作为团队领导者，不仅仅要让下属说"放心，任务就交给我了"之类的诺言，更应该鼓励他们去说"任务已经圆满完成"。因为只有真正解决问题才是团队存在的关键，解决了问题，说明执行有力有效，也就是取得了业绩。

只重苦劳、不重功劳的团队执行思维是要不得的。

（1）坚持以结果为导向的简单管理

通用电气前 CEO 杰克·韦尔奇有一句名言："管理效率出自简单。"复杂的管理只会是员工实现自我管理的羁绊，以结果为导向的简单管理意味着要给员工充分的独立处理事情的空间，给他们的空间越大，他们就越珍惜，这是自我管理的一种好办法。

榕树下总经理张恩超曾说："榕树下是唯能力论，在评价一个人或者一件事时会以结果为导向。这样判断一个人的能力既简单又直接，也很有效果。过程多辛苦都是为结果服务的，没有结果，过程就等于零。"

这样的以结果为导向的简单管理模式让榕树下的员工都能做到严格要求自己，工作成果也总是出乎领导的意料，而且整个团队也都处在一种融洽的工作氛围中。

著名的宝洁公司采取的是同样的管理思路。在宝洁，结果导向管理培养了员工自我管理的能力，使他们养成了简单做事、高效工作的作风。

有时，简单管理就是一种心态，给予团队成员充分的理解与尊重、信任和空间，那么他们也一定会领情，他们会自觉、自愿地做出业绩回报团队。

（2）做好后续追踪与检查

IBM 首席执行官郭士纳曾说过："你强调什么，你就检查什么，你不检查就等于不重视。"追求团队绩效，离不开工作追踪，否则绩效管理也就只剩下美丽的目标这个外壳了。

你希望你的团队做什么，就检查什么。可以这么说，管理者工作的重点之一就是检查，检查是提升执行力的一个关键环节。那么，检查什么？不同职位、不同对象、不同时期、不同阶段的工作重点不同，检查的重点当然也不同。以市场营销工作为例。在市场开发期，工作重点以开发客户为主，因此应主要检查客户开发的数量与质量。在市场上升期，终端销售以增量为主，因此应主要检查终端销售增量情况。到了市场平稳期，维护客户、管理客户就成了工作重点，因此检查客户管理和客户服务、培育工作成为重点……

工作检查能够发现执行与目标是否发生了偏离，并对偏离的情况进行评估，然后对信息进行反馈和交流，并采取调整措施，最终保证目标能够按照既定计划实现。

任务执行中的检查主要包括以下几点：

评估工作进度及其结果；

评估结果，并与工作目标进行比较；

对下属的工作进行辅导；

如果在追踪的过程中发现严重的执行偏差，就要找出原因并加以分析；

采取必要的纠正措施，或者变更计划。

需要注意的是，工作检查中最经常出现的问题是管理者在工作追踪的时候检查的不是目标，而是下属的执行方式。有的管理者认为工作检查应以下属的工作表现为主，每天都能不迟到、不早退，在领导视野所及的范围内勤奋工作的就是好员工，问他们这样做的理由，他们会说："我就看到 ×× 工作认真了，所以他就是好员工，×× 人我从来没看见他干什么。"

事实上，因为管理者的精力有限，不可能对所有下属的工作表现都直接看到。这种只检查形式的方式一方面会造成工作追踪的片面性，误导员工只做表面工作；另一方面，也很可能伤害其他员工的感情，从而起不到工作检查、进行阶段性评估的作用。

因此，工作检查应当本着客观性的标准——工作成果，同时也要兼顾主观性的标准——工作方法和个人品质。

（3）抓好过程才能保证结果

过程与结果，孰轻孰重？

其实，过程与结果并不矛盾，过程和结果本身都是残缺不全的。过程是结果的前提，结果是过程的延续，它们合而为一，才是完整的。

过程与结果并存于每一件事中。它们是一个整体。

古语云："天下大事，必作于细"，历史上很多做成大事的人都十分注重细节。他们注重细节，其实也就是对过程的注重。

从管理的角度来看，在企业中甚至是社会中，不论你做什么、怎么做，你的工作都是一个过程。在任何企业内部，无不是按照过程来组织各项业务，这有助于循序渐进地改善企业。

《赢在中国》节目中有这样一场比赛：红、蓝两队展开竞赛，销售的产品是汇源公司的儿童饮料高端品牌——百利哇。这次比赛是一个完整的营销过程竞赛，选手们除了要分析目标消费者，选择产品、制订价格，还要根据竞争者来及时调整策略，并且要控制库存。评委要考查整个活动的组织和团队合作情况，每队销售的现金收入减去库存为本队销售收入。最终评委会根据过程和结果综合进行评判，来决定输赢。每队有活动经费 500 元。

对于这次比赛的结果，阿里巴巴 CEO 马云是这样点评的："我觉得有几个原因把红队留下。你们不断解释营销，何谓营？何谓销？你们第一天就确定了战略思想，'销'远远大于'营'，以结果做导向。你们都知道，汇源不会靠你销售 250 箱饮料来挣多少钱，汇源的朱总是希望通过这个活动能够产生一定的影响力。

但在整个活动过程中，我看见你们忙运货、搬货、再运货，而在蓝队那边我看到的是'蜘蛛侠'飞来飞去，他们在'营'的过程中不断和客户沟通，对客户做宣传，事后客户对汇源产品的理解度远远超过了你们。所以我想，'营销'这两个字强调既要追求结果，也要注重过程，既要'销'，更要'营'。"

不仅营销，其实任何事情都是这样，过程和结果都是一种互相依存的辩证关系。对于执行，亦是如此，执行本身就意味着一个完成任务的过程，而这一过程又必然会带来一定的结果，这也是执行者所期待的。在对待执行的问题上，过程与结果都应予以高度重视，不能厚此薄彼。

7. 具备攻坚意识，敢于挑战新的目标高峰

彼得·德鲁克曾说过老板的五个致命缺点，1. 不正直，便无威信。2. 只注意别人的弱点，而非用人之长，这是狭隘的表现。3. 将才智看得比品德更重要，这是不成熟的表现。4. 害怕手下强过自己，这是软弱的表现。5. 对自己的工作和言行首先没有高标准，这会让员工轻视管理者的能力，从而进一步轻视工作。

管理者以“差不多”的心态开展工作，就是德鲁克说的第五点。这会令管理者的威望无从谈起。

存在于日常工作中的马虎、轻率其实非常多：

在企业中，技术人才对专业技术工作不求进取，不精益求精，对存在的技术问题懒得思考，遗漏的技术隐患不去克服，没有刻苦钻研精神。

营销人员总想着公司做大规模的广告，不能沉下心做经销商的工作，不能挑战高目标，只求差不多。

售后服务人员做事散漫，漫不经心，没有时间观念，在为顾客解决问题时马马虎虎。

普通员工这样，肯定难以取得卓著的业绩，上司如果是一个马马虎虎的人，员工们往往会竞相效仿，放松对自己的要求。这样一来，每个人的缺陷和弱点就会渗透到整个部门，影响整个事业的发展。

当“执行力”一词流行起来的时候，一些管理者也开始把部门效益不好归结到执行力低下上来。实际上，执行力并不是工具，而是工作态度。执行力高并不一定体现在多么有能力上，只要我们能保质保量、严格按标准地完成领导者提出的工作任务和要求，就叫有执行力。

那些真正具备向上力量的执行团队都具备极强的攻坚意识，他们不仅会严格按标准、按流程执行，而且会在执行的过程中追求卓越，力求将事情做圆满。

1. 严格按标准执行

海尔集团董事长曾经讲过这样一个故事：在一家企业里，有两个职责相同的员工，一个来自中国，一个来自日本。一天，公司主管对日本员工说："把桌子擦六遍。"日本员工拿起抹布把桌子擦了六遍，然后向主管汇报道："报告主管，我已经擦完了六遍。"

主管又对中国员工说："你把桌子擦六遍。"中国员工拿起抹布开始擦桌子。按规定擦完三遍后，开始想："干吗要擦六遍？就是在折腾人嘛。"勉强擦完四遍，又开始想："这个主管一定有问题，否则不会让擦六遍的。"想到这里，那名中国员工丢下抹布就走了。

故事中的中国人在执行主管布置的任务时明显出现了偏差，而他自己却丝毫没有察觉，反倒把责任推到主管身上。这是很多人在面对执行问题时的通病。

外企对工作标准非常地坚持，这是外企成功的一个秘诀。作为管理者，一定要明白：工作一定要按照标准去执行，否则就不如不执行。

2. 把工作做圆满

我们都知道，水温即使升到 99℃，它也不是开水，其使用价值仍然有限；若再添一把火，在 99℃的基础上再升高 1℃，就会使水沸腾，并能够产生大量水蒸气来开动机器，从而获得巨大的经济效益。

很多执行者工作没有做到位，甚至有相当一部分人做到了 99%，就差 1%，但就是这点儿细微的区别使他们在事业上很难取得突破和成功。一位管理专家一针见血地指出，从手中溜走 1%的不合格，到用户手中就是 100%的不合格。

国内某房地产公司的一个项目经理曾回忆道："1987 年，一个与我们公司合作的外资公司的工程师为了拍项目的全景，本来在楼上就可以拍到，但他硬是徒步走了两公里爬到一座山上，连周围的景观都拍得很到位。

"当时我问他为什么要这么做，他只回答了一句：'回去董事会成员会向我提问，我要把这整个项目的情况告诉他们才算完成任务，不然就是工作没做到位。'”

这位工程师的个人信条就是：“我要做的事情，不会让任何人操心。任何事情，只有做到100%才是合格，99分都是不合格。60分就是次品、半次品。”因此，要想把事情做到最好，做到圆满，每个领导者心目中都必须有一个很高的标准，不能是一般的标准，不论是对自己，还是对员工。

因为，如果仅仅把事做对、做成，那不算执行到位。

如果仅仅以合适的投入获得最大成效，那也还不够到位。

只有在这两点的基础上还能将事情方方面面处理得圆满，那才是完全到位，才是执行到位的最高境界。

把事情做圆满，是对执行的最高要求。所谓圆满，就是不仅要做成一件事，还要把事情做得无懈可击，处处无可挑剔，方方面面叫好。

第六章
管理者内心要强大

管理者就像是太阳系里的太阳，只有让自己成为一颗有能量的恒星，才能让整个团队温暖、高效。只有自己的内心足够强大，才能抵制各种负面影响的侵袭，并持续不断地把自己的向上力量向外辐射。

1. 锻造领导乐观力，信念永不垮

在前面的几章里，我们提到了各种各样的方法，来打造你的团队积极力量。然而，在这里，我要说明的是，前面是“术”，一个管理者的乐观力、正面思维，才是“道”。

如果你是一位乐观的管理者，具备强有力的信念，认为自己一定可以带出一支好团队，那么你一定可以做到。当你乐观时，不管遭遇什么样的冷漠、负能量，你都可以打破原有的束缚，把自己的乐观能量辐射出去。当你具备强有力的信念，不管遇到什么困难，你的信念都会指导你解决问题，达到目标。

所以，作为一个团队的领头人，一定要时刻保持乐观，充满动力。这样部门里的员工才能在积极的氛围下有效率地工作，团队才能取得令人满意的成果。

刘经理是一家公司的部门经理，原来的部门经理跳槽了，还带走了三名员工。刘经理是从其他公司“空降”过来的，他刚进入公司就遇到了员工对他极度不信任的状况。公司的业务流程与原来的公司有些差异，部门员工各自的岗位职责也不是很清晰。员工们纷纷在议论公司的变故，上班时工作效率也不高。可以说，刘经理遇到的是一个有点儿烂的摊子。

刘经理没有被这些困难吓倒，他是一个乐观的人，能够面对复杂的局面。他入职后，立即开始与员工做一对一的沟通。在谈话中，有的员工消除了隔阂，但还是不无疑虑地对他说：“刘经理，××也想着跳槽，你说我们部门今后怎么办呢？”刘经理笑着回答：“我相信情况会很快好起来的。哪个公司没有跳槽的事情？现在的职场有多种选择，每个人的想法不一样。适合自己的才是最好的，我相信离职的员工肯定有他自己的规划。至于我们部门，你看，像你这样的骨干员工不是还在吗？有人在，我们的业绩基础又那么好，客户关系在行业内也是不错的，那还有什么好担心的？”

每个与刘经理沟通过的员工都为他的乐观所折服，他们慢慢地感觉到刘经理的强大，也消除了原来忐忑不安的心情。部门里增加了欢声笑语，而不再像以前那样窃窃私语。刘经理后续采取了一系列的管理措施、绩效方案，在他的带动下，整个部门在年底的业绩不但没有因为失去几个老员工而下降，反而增加了10%。

刘经理面对的是不可知的局面，但是他用自己坚强的信念、乐观的精神征服了下属，从而让工作走上正轨。作为管理者，个人的乐观和信念是积极力量的源泉。

乐观的人更容易坚持信念，不管什么时候都具备美好的希望，不轻言放弃。信念也是战胜挫折、赢得机遇的前提。**作为一个领导者，信念是战胜工作中的困难、力排干扰、把握时局、打开局面、果断决策和树立领导威望的一个重要心理优势。**

管理者只有充满必胜的信念，才能迈出坚定的步伐，才能产生克服任何困难的勇气，才能随时迎接来自方方面面的挑战。信念是领导者魅力的一个组成部分，具有顽强的信念，事情也就做成了一半。信念可以去影响员工，使下属认同、信服，进而愿意为团队共同的目标服务。

被誉为“全球第一CEO”的通用电气前总裁杰克·韦尔奇在任时被称为“中子弹杰克”，因为他的信念和强硬的手段。由于深知官僚主义和冗员的恶果，杰克·韦尔奇坚定地认为，一定要减少管理层次，所以他大刀阔斧地进行改革。将原来八个层次减到四个层次甚至三个层次，并撤换了部分高层管理人员。可想而知，当时的局面有多么困难。然而，坚强乐观的他守住了自己的信念，花了几年时间，砍掉了25%的企业，削减了10多万份工作，将350个经营单位裁减合并成13个主要的业务部门，卖掉了价值近100亿美元的资产。在这个过程中，杰克·韦尔奇的个人魅力赢得了越来越多的支持。当通用电气市值由他刚上任时的

130 亿美元上升到了 4800 亿美元时，他的坚持终于有了结果。

如何培养自己的乐观精神和信念力呢？这是一种综合素养，来自一个人的“底气”。只要心中有底，不论你表现得多么谦卑、多么沉稳，别人都可以感受到你的乐观和信念。在日常工作中，不妨从以下几点来培养。

学会辩证地看待问题。在唯物辩证法中，任何事物都有正反两面，有阳光的地方必定有阴影，看到困难之时也要看到机会，事物的发展规律就是波浪式前进、螺旋式上升。管理者站的位置比员工要高，面对的局面也比员工复杂。在这种情况下，有时员工的视角受限，只能看到一个角度，而且只针对自己的好恶，作为管理者，要放大自己的视角和格局，遇到困难或困扰时，不轻言放弃，而是看到各种现象背后的原因，平心静气地去思考如何解决。

塞翁失马，焉知非福。很多事情就是这样，虽然一时受到损失，但也许反而因此得到收获。有时间可以去读读中国的传统文学，有助于保持平和的心态，看问题也会更加深入。

对待部门内部的消极情绪和困难，乐观的领导采用辩证的方式来看待，并会采用各种办法来营造正面的氛围，给员工们积极的心态支持。

面对下属时，强调未来的乐观部分。每个人的性格都有多个方面，可以要求自己坚强，但不可否认，管理者也会有心志软弱的时候。在感觉自己情绪低落时，不妨一个人待在房间里，静静地等情绪调整好，再去处理外面的事务。调整自己的情绪时，不妨激励自己：故天将降大任于斯人也，必先苦其心志，劳其筋骨，饿其体肤，空乏其身。

当你面对下属时，不管自己有多么沮丧、心情多么差，也一定要做出坚定、乐观的模样。对于不明朗的未来，也要让员工看到乐观的一面。因为越是不清晰的未来，人的作用就越大。当员工们处于积极的心理状态时，胜算会更大。

有位员工讲述了他的一次经历。某次部门组织活动，那是一次户外拓展，场地、承办公司、活动环节都已经基本落实。距活动日期还有一周的时间，却意外地得知下周的天气可能受台风影响。一旦真的有台风来，那么就得取消这次户外活动。部门的员工有些焦急了，因为大家都希望从繁重的工作中暂时放松一天，就像小时候渴望集体活动一样。

就在大家焦虑时，这名员工正好看到部门经理经过，他就顺口说了句："张经理，听说会有台风呢！要是下周天气不好，户外拓展就只能延期了。"张经理停住了脚步，他可能看到了下属们一脸的不甘心，于是反问道："你们想去吗？"

"想啊！大家都期待呢！"大家七嘴八舌地回答。

"那就好！心想事成的秘密听说过吗？上次不是学过'吸引力法则'吗？只要你们都特别想去，那天的天气一定没问题！"张经理掷地有声的话让大家都有了信心。

大家不再窃窃私语，虽然也知道张经理的话有点儿玄，但是他的乐观和信心感染了大家。即便是那天真的不能外出，最起码现在的心情也不像之前那么忐忑了。

让人奇怪的是，不知是大家的心愿起了作用，还是碰巧，那次的台风擦肩而过，拓展活动真的如期举行了。

张经理的话也在公司里成了"传奇"。每当有人对事情犹豫不决的时候，都会有人对他说："你真的特别想吗？一定能成的！"

不管这个案例有多么神奇，确实有理论说"你生活中所发生的所有事情都是你自己吸引来的"。我们不去探讨这个理论是否真的存在，但是管理者的乐观足以使部门的面貌焕然一新。

及时鼓励下属。怎样才算是一位乐观的管理者？员工们最有发言权。当员工遇到困难时，管理者要及时地去鼓励他们，让他们也拥有自信、坚持和乐观的精神。员工在感激管理者的同时，也会让部门里充满积极力量。每位员工都有想退缩的时候，管理者要及时发现每个人的问题并加以鼓励，用乐观的精神为他打气。

另外，如果管理者想加强自己乐观的态度，也不妨多去鼓励下属。我觉得，不仅是员工需要被鼓励，管理者也需要去鼓励别人。很多管理者都有过这种感觉，当自己对某件事情不是很有把握，担心失败时，如果这时员工也就这个问题来寻求帮助，那么管理者不得不去鼓励下属。在与员工沟通结束时，管理者自己的心态也会不由自主地明朗起来。就像两个人共同走在黑暗的路上，当一个人感觉到自己是被依靠的一方时，他会不由自主地强大起来。

及时鼓励下属，是下属的心理需求，也是管理者的心理需求。

主动控制谈话氛围，引向积极的话题。在与员工沟通时，有意识地引导话题，让整个谈话变得积极向上。比如说，一位员工来向经理汇报任务完成情况时情绪非常低落，原来在工作过程中，其他部门员工不太配合，让他很有受挫感。经理就很自然地把话题过渡到另外一个比较顺利的项目，等员工的情绪慢慢调整好了，这时经理再指出对其他部门员工的不配合应该怎么解决。员工心情平静后，自然而然就会往积极的方面去考虑，同时也从原来钻牛角尖的状态转向关注自己其实还有其他的方面需要提高。员工自身带有负面因素时，更需要管理者对其负面因素进行过滤。管理者要保证自己心理的强大才能不被员工影响，而是用积极的思考方式去影响员工。

乐观是信念的源泉，信念是乐观的体现。管理者要积极修炼自己，让自己变得乐观、坚定，才能给部门带来源源不断的发展动力。

2. 痴迷于学习新知识，让积极力量永不枯竭

学习新知识，是环境的需要，也是自身的需求。热爱学习，用新知识来武装自己，你的积极力量才不会枯竭。

学习，是环境的需要。目前市场瞬息万变，不管是大环境还是小环境，都有很多变数。比如说诺基亚的手机部门作为曾经的大哥大，最近以低价被微软收购。还有什么事情不会发生？

从前，“一招鲜，吃遍天”，而现在为了面对这些危机和变化，每一家企业都要做到与时俱进。作为一位管理者，更要努力学习。

冯经理的公司提供一种工业自动化设备，从20世纪90年代开始，这种具有单片机的智能设备慢慢代替了老式的电磁设备，成了市场主流产品。冯经理见证了整个行业的兴起。但是随着技术的发展，很多厂商也转而研发生产类似产品，公司在市场上的竞争力也慢慢下降。20世纪90年代由于掌握技术优势，利润率大约有50%，而这两年只有10%左右。在这种情况下，公司最终决定，在原有技术的基础上另行开拓新的领域。冯经理却对原来的产品恋恋不舍，对新产品本能地抵触，认为行业领域变化了，自己的专业只覆盖老产品，不愿意学习新产品。虽然新产品生产要利用原来的生产线，但是材料、工艺文件都有变化，相应地，从采购、仓储、调试、检验到包装都要有新的应对方案。这些应对方案本来应该由冯经理负责，但由于他的抵触情绪，公司领导只有把生产部门分成新产品生产和老产品生产两个车间。冯经理带领一些员工按照老方法、老流程生产老产品。冯经理安于现状，部门员工也随之安于现状，大家都没有什么危机感。当老产品订单越来越少时，部门也越来越清闲。最后，在新产品生产线成熟后，公司终于

把原来的老产品生产线停用，冯经理也被迫离职。

这是一个很悲惨却很现实的故事。要记住，没有什么是不会改变的，如果不想被淘汰，就必须去学习、去跟上这些变化。当管理者积极学习时，自然也会给员工带来学习的欲望。

马经理的部门是公司的基础部门，然而凡是在马经理部门工作过的员工后来都成了公司的骨干，甚至是主管。大家都很好奇其中的原因，在一次培训交流中，有一位主管深有感触地说了自己的经历。

“当时我来公司两年，岗位还是很符合自己的专业的。我很快学会了岗位所需要的知识，开始放松了。就在这时，马经理安排我做一件分外的事情。跟我的岗位相差很大，也需要学习很多知识。我心里不太高兴，就去找马经理。我大学里学的就是这个专业，干吗安排我做其他事情？在办公室里，马经理跟我谈了很久，还讲了他的经历和想法。原来，马经理以前做过工程、设计、研发、市场，所有的公司运营环节他都很清楚。他告诉我，**大学只有四年，不能让这四年所学制约了自己一生的发展。所以不管我是什么专业，只要他认为我可以通过学习做好这件事，他都会安排我去做的。听了马经理的话，我才觉得自己太浅薄了。**学习，是一辈子的事情。自那以后，不管是不是我分内的事儿，只要我觉得自己可以学到东西，就会努力去钻研。部门里的岗位我都清楚该怎么做，有人如果请假了，我也可以兼一下他的工作。有一次公司内部选拔，马经理推荐了我去应聘，我才有机会从一名基层员工做到了主管。我想，公司之所以任命我，就是因为我有旺盛的学习精力和学习能力吧，所以到了新岗位后，我不但自己努力学习，还带动我的员工学习。我真的很感激马经理，是他改变了我的想法，也改变了我的发展轨迹。”

一位好的领导者不仅自己痴迷于学习，还会用自己的学习来激励下属，使部门里洋溢着好学、创新的向上力量。

学习，也是自身的需要。事实上，学习本身不仅仅是因为迫于外界的危机感，而且是一种自身的需要。人有别于动物的一大特点，就是人类拥有学习能力。很多人拒绝学习，从本质上来看，就是在拒绝做人——因为几乎只有人类才有能力有机会“终身学习”。

好学，本身就是一种积极力量。因为好学，所以心胸开阔、见识宽广；因为好学，所以很容易接受新事物，也会具备创新的基础；因为好学，所以经常能意识到自己的不足，从而提高自己……

江经理总感觉自己的部门有点儿闷。虽然工作也能按部就班地完成，但是员工除了上班、下班，交流很少。他总觉得部门里波澜不惊，员工缺少激情。后来有一次江经理去听了一堂行业内的培训课，这节课让他获益不少，他觉得课程中的很多知识也应该让自己部门的员工学学。于是，他以此为契机，组织了一次分享会，把自己上课的心得、老师讲的内容给员工做了一个小小的讲座。讲座起到了很好的效果，它就像一石子一样打破了原本的冰层。江经理感觉到，员工们对新的领域和知识还是有很强的求知欲的，于是他组织了一系列的讲座。由员工自己来做培训老师，可以分享一本好书、一些业务知识和沟通技巧。半年过去了，江经理惊喜地发现，员工变得好学，不仅仅是在讲座现场，而且在日常工作中也开始了自发地学习。

人都有惰性，也都愿意用那些用起来顺手的人。当你具备了被人信任的基础，并且在日常工作中逐渐表现出你的踏实、聪明和细致的时候，越来越多的工作机会就会降临到你面前。原因很简单，用一句话就能交代清楚并且能被你顺利完成的工作，谁愿意说三句话甚至半小时交代给一个怎么都不明白的人呢？沟通也是一种成本，沟通的时间越少，内耗越少，这是作为管理者最清楚的一件事。

工作以后，你的角色并非会一成不变，你也很难预测以后要朝什么方向发展。刚刚工作的时候，培养的重点不是你要拥有什么工作能力，而是你要在工作中培养出良好的习惯：认真、踏实的工作作风，学会用最短的时间接受新的事物，发现新事物的内在规律，以及比别人更快地掌握这些规律，并且处理好它们。当你具备了以上的要素，你就成长为一个被人信任的人，你就会有比别人更多的工作机会去接触那些你没有接触过的工作，也就有了比别人更多的机会。人人都喜欢聪明勤奋的人，作为管理者，更不例外。

学习，也是管理的需要。很多中层管理者本身是从技术岗位上走过来的，由于技术过硬、人品好，所以被公司提拔到管理岗位。一开始管理时，他们会感觉无所适从，不知道自己该做什么。以前做技术时，面对的就是电脑、产品、流水线，而上升到管理位置时，每天繁乱的事情一件接一件，光应付这些事情就要花掉一整天时间，更不要说去学习新知识，或者去考虑什么向上力量的事情。

要知道，管理是一门需要实践的学问，涉及心理学、统筹学、思维学、沟通、励志等各方面的内容。专业技术一般要在大学里学四年，而管理涉及面更广，尤其是对于一些先天不足的中基层管理者，更需要具有积极学习的习惯，可以去观看管理类碟片、阅读管理类书籍、参加管理培训、浏览管理类网页和管理类微博，利用各种渠道去学习，来提高自己的管理水平。古人说，“活到老，学到老”。管理者更应实践这种精神。不单是从老师、书本、碟片处学习，从同事身上也可以学，三人行必有吾师。只有具有终身学习的观念，你才能永远领先于别人，带领着自己的团队持续发展。

如何训练自己的学习能力呢?

首先要意识到学习的重要性。正如前面所说，学习是环境的需要、自身的需要、管理的需要。意识到管理者自身需要学习，就会端正学习态度。

固然，成功需要机遇，但是机遇只是在成功中起到推波助澜的作用，并不起决定性作用。而且机遇并不是随时都有的，如果时机未到，就要靠自己去积累实力，寻求机遇。其实目标和努力是相辅相成的，需要一点一点地积累，积累各方面的知识、人脉等。不要急躁，人的成功不是一蹴而就的，今天认识了一个单词，明天学会了一个 Excel 的函数，都是一种学习，一旦有机会，你的小宇宙就会爆发。

“态度决定一切”，也决定了你的能力大小。有人说过：“人生所有的能力都必须排在态度之后。”在态度这一内在力量的驱动下，我们常常会激发自身的无限潜能。有很多畅销书，如减肥、理财等，都会在第一章让读者寻求到自身的原动力。方法虽然重要，但是如果没有好的态度，再好的方法也不能正确运用。当你认为培养自己的学习能力很重要时，你的态度就会驱动潜能，提高自己的学习能力。

其次，要注意坚持。高明如今是一家大公司的大区经理，谈起他的成功，所有人都觉得出乎意料，细想却又在情理之中。一路走来，高明好像从来没有出类拔萃过，普通小学、普通中学、普通大学，从来成绩中等，加上性格内向，不善跟人沟通，所以在老师和同学们眼中，他并不是一个天资聪颖的孩子，但是也没有人会否认他是一个非常努力并且相当执着的人。

大学快毕业的时候，兴起一股出国热，周围的人都铆足了劲儿考托福，高明也不甘落后，准备牛刀小试一下。不过他的外语功底并不强，高考的时候只考了70多分，大学期间的四、六级也是将将擦肩而过。听说他也要参加考试，他美丽的英语老师的嘴巴张成了“O”形，不过还是鼓励说“重在参与”。为了准备考试，每天早上，当同寝室的人还沉浸在梦乡里的时候，他已经离开温暖的被窝起床背单词了。为了不影响别人休息，他都是拿着个小凳子去厕所，借着厕所里的灯光学习。最后考试前，厚厚的托福词典他一共背了八遍，真题更是做了无数次。最终他的班级里一次通过的人只有两个，他是其中一个，另一个人高考的时候英语成绩接近满分。

参加工作后，和高明同时进来的几个人都很快投入到工作中，他却一直默默无闻，并没有什么突出的业绩。每天第一个到公司，最后一个离开，话也不多。直到有一天，销售总监忙了一整天，坐在椅子上休息的时候，高明默默地倒上一杯水，销售总监这才感到忽视了这位小助理。自那以后，销售总监便开始给高明派活儿了，在别人已经开始奔跑时，高明只是在认真地熟悉公司业务，但是一旦开始做事，高明的优势就显现出来了，非常认真，工作不用上司多说，做得井井有条。过了一段时间，高明已经不用等销售总监去交代他任务了，他自己抢着做。销售总监对他非常满意，屡次对他的工作进行奖励。

从小我们就学过小猫钓鱼的故事，做事不能三天打鱼两天晒网。作为一名管理者，时间安排更加紧张，所以经常有人说："我没有时间学习啊！"时间就像海绵里的水，只要想挤，还是有的。不要让自己的借口打败自己。只要你有坚定、向上的意愿，坚持学习并不难。每个月制订一下大致的读书计划，每天睡觉前看30分钟的书，随身的包里带一本正在阅读的书，在上下班的路上利用等候的时间看书……只要你能坚持，相信过一段时间，学习的正面影响力会让你整个人焕发神采。

此外，还要有意识地培养自己的快速学习法。管理者不但要学习，还要学得快。现在是信息爆炸时代，学得慢的人接受知识慢，就会被淘汰。我们不是给你一本书，让你学三个月学出一个好成绩，而是给你一本书，一天后就要有一个心得，拿一个成果。学习速度快的话，还会产生巨大的成就感，反过来也会促进自己的学习兴趣。

很多著名的CEO都有快速学习的能力。孙正义是软件银行集团的创始人，他在不到20年的时间内创立了一个无人能相媲美的"网络产业帝国"。孙正义具有超越一般人的快速阅读能力。他在20多岁时得了肝病，住在医院里整整两年。在两年当中，他阅读了4000本书，平均一年读2000本，平均一天读5～6本。这是常人难以想象的阅读速度，有很多人可能一年也就读五六本书。也就是在阅读完4000本书籍之后，孙正义的眼界、思路提升了很多，他通过思考，选择了自己的发展方式，很快就成功了。由于孙正义的快速学习能力，他无时无刻不在充实自己，与他相处的员工无不为他的精力和常识所折服。

世界上著名公司的管理者无不具有超强的学习能力。他们的经验和发展历程告诉我们，保持旺盛的学习欲望，才会做出一番成就。对于中层管理者来说，有可能在视野、思路方面与老板或公司CEO相比还有欠缺，但是学习可以补足自己的缺点，学习也是你带出好团队的能力源泉。

3. 正面思维的力量

正面思维是一种思维方式，指一个人在处理任何事情时都能以积极、主动、乐观的态度去思考和行动，并促使事物朝着对自己有利的方向发展。这种思维方式就称为正面思维。

有一个很有名的管理小故事，说的就是一个推销员到非洲一个不穿鞋子的地方去推销鞋。如果一般人遇到这种情况，肯定会以为那里没有市场，但是这位推销员却认为市场潜力巨大。他回到公司后向经理汇报了情况，认为有信心打开市场。最后公司运用了一系列广告、推广手段，成功地让当地人接受了鞋子，真的打开了巨大的市场。

在这个小故事里，运用的就是正面思维。当遇到不利的情况时，没有产生悲观的想法，而是以积极的态度去思考和行动，最终促使自己的想法实现。

作为一名管理者，要时常提醒自己采取正面思维。凡事皆有两面性，不同的角度往往会有完全不同的结果。两个人的面前各放了一串葡萄，每次都吃最坏的那颗，一个人的想法是："真好！葡萄的味道是越来越好！每一颗都给我惊喜。"另一个人却想："看来一串葡萄里我只配吃最坏的。"负面思维和正面思维往往只隔一层窗户纸，管理者一旦沾染上了负面思维，就会给团队带来非常不好的影响。负面思维的管理者只会画地为牢，自欺欺人。负面思维的团队则会效率低下，推诿被动，遇到一丁点儿麻烦就感觉一切全完了。

对于管理者来说，应该时时提醒自己采取正面思维，一旦意识到自己的某个念头是负面的，要马上调整到正面思维方式上来。具体说来，正面思维有好几层含义。

看到自己的正面。俗话说，自知者明。一个人要了解自己的优势，在遇到困境时就不会轻言放弃，而是坚持到底。

阿里巴巴的前任 CEO 兼创始人马云是一个其貌不扬的小个子男人，但是他却有着常人难及的坚忍气质。他出生在杭州，从小成绩不太好，只有英语不错好。原因竟然是由于成绩不好，爸爸经常骂他，他说："爸爸骂我，有一次我就用英语还口，他听不懂。我感觉挺过瘾，就学上了，越学越带劲。"大学毕业后，由于英语好，他就创办了一家翻译公司，在做翻译公司过程中，为了支持企业运作，他甚至到义乌去批发小商品来卖。当翻译公司稳定赚钱后，他开始寻求其他的机会。在一个偶然的机会中他接触了互联网，那时中国的拨号上网还很少，马云却敏锐地预测到了互联网的发展前途。在转型的过程中，马云遭遇了很多人的反对，但是他清楚地了解自己，认为值得一做，即便失败了也不可怕。后来马云说："其实最大的决心并不是我对互联网有很大的信心，而是我觉得做一件事，无论失败与成功，经历就是一种成功，你去闯一闯，不行你还可以掉头；但是如果你不做，就像晚上想想千条路，早上起来走原路，一样的道理。"在这里，马云的正面思维促使他排除万难，坚韧不拔地实现自己的理想。

管理者也是一样。陆经理负责管理公司的售后咨询部门，她的部门每天要面对很多客户，提出的问题也是五花八门。很多客户由于产品的问题态度很恶劣，所以员工们大都抱怨重重。陆经理来到售后咨询部门时，面临的就是客户对咨询态度、专业性的投诉。陆经理对自己十分有信心，她召开员工会议，让员工们畅所欲言，问大家："客户的问题回答不上来，是好是坏？"她说，这应该是好事，这意味着我们可以学到新东西，意味着我们又有了完善自己的机会。当员工们认可了她的思路后，她立即组织人员编写了业务资料，做成了开放式的知识库，把客户问过的问题，哪怕再幼稚，也分类编进去。又推进了部门的知识软件普及，让员工感受到自己面对客户时不是独自作战，而是有知识平台做后盾。另外，她还抽调了三名资深员工，不直接负责客户的电话，而是作为其他员工的咨询顾问，如果有员工解决不了的客户，就转到顾问这里负责解决。这几名顾问也负责编纂培训教材、客户答疑等文档文件。通过陆经理几个月的调整，整个部门安定下来了，员工的工作效率提高，客户满意度也提高很多。

利用正面思维，了解自己的长处，遇到困难不推不躲，而是恰当解决。

看到员工们的正面。每个人都有两面性，如果总是看到下属不好的一面，就会产生误解，甚至导致员工离职。如果看到下属的正面，就会用其所长，给他最大的鼓励，调动他的积极性。

吴经理部门里有一位员工，性格比较木讷，不太爱跟同事一起热闹，平时做事情好像也是慢半拍。吴经理发现他虽然反应不快，也没有什么创新思维，但是做事一板一眼、一丝不苟。参加培训时，他是全部员工中学得最慢的，但是一旦掌握了技能之后，他做得是最好的。这位员工原本是在做调试，工作效率比一般的员工要低，因为他做得很细致、很慢，但是生产部门是计件报酬，他那个生产小组的员工都不喜欢他，因为他那个环节慢，耽误了整个小组的效率。

吴经理认为，这位员工虽然工作效率不高，不适应计件工作，但是他的态度非常值得赞赏。通过沟通，吴经理把这位员工调到终检岗位上。终检岗位是产品出厂前的最后一道关，虽然检验质量点不多，却特别需要员工态度细致。有时一个粗心大意，就会把外观或功能有瑕疵的产品放过。

这位员工调到终检岗位后，终检检出率比以前提高了不少，原来是 0.5% 左右的检出率，现在几个月，一直在 0.7% 到 1% 之间徘徊。这就意味着不合格的产品在终检部门被发现的概率提高了，同时生产环节因为检出率的提高也重点抓过程质量，出台了不少提高质量的政策。该名员工由于对产品质量有较大的促进，当年年底还被评为“优秀员工”。

这位员工如果遇到别的管理者，由于工作效率低，很可能会被辞退。即使不被辞退，该员工也只是在原来的岗位上，工作并不出色。可见，管理者的正面思维不但使员工发挥了自己的最大能量，对公司也有很大的帮助。

看到事物和环境的正面。正面思维可以在遇到困境时，让人敏锐地看到积极的一面，从而把坏事变成好事。某公司推出一款新产品，在全国各地同时上市，各地的销售经理负责新产品的推广。两个月后，销售经理在大区开会，谈到该款新产品时，A 经理立即开始抱怨，说产品有很多很多问题，很难推广。而 B 经理的推广成绩也不太好，但是他的发言没有单纯地抱怨，而是根据自己部门的推广经验，指出了这款产品的具体缺陷，并且传达了客户的想法，给出了改进的建议。B 经理的思维就是典型的正面思维。这款产品确实不好，这谁都没办法改变。在这种情况下，我可以做什么呢？我可以收集客户的反馈，然后请总部有针对性地更改。由于这些都是客户的实际反馈，所以如果产品升级了，我们就可能会有好的销售量。负面思维容易全面否定事物，而正面思维则是从否定中看到希望，并做一些有意义的事情。

正面思维会给员工带来不可估量的积极力量。在杰克·韦尔奇的自传中，提到了一件事情。在他 20 多岁时，他是一个实验室的负责人。有一次，在实验过程中发生了巨大的爆炸，韦尔奇描述说："爆炸的气流震碎了屋顶的所有玻璃……我害怕极了，作为负责人，我显然有严重过失。"韦尔奇到集团公司总经理查理·理德那里去解释事故的原因，他认为自己肯定会受到严厉的惩罚，甚至会被开除。但是，查理·理德的表现让人吃惊，他没有任何的暴怒情绪，也没有责备韦尔奇的失职。他关注的是杰克·韦尔奇有没有从这次爆炸中学到东西，以及韦尔奇能否独立修复好反应器的程序。最后查理·理德说："谢天谢地，没有人受伤。"韦尔奇自述，这种处理方式给当时的他留下了深刻的印象。

员工在工作中出现纰漏是难免的，如果员工出现工作失误或者没有达到管理者的心理预期，管理者应该平心静气地去问一下为什么，你学到了什么，这样的思维方式会给予员工更大的鼓励和帮助。

在工作的过程中，多提醒自己采用正面思维，当这种思维方式成为你的习惯时，你会发现自己充满积极力量，你的团队也会受益良多。

4. 归零心态，不断冲击新高峰

什么是归零心态？它来自一个小故事，又称为“空杯心态”。

古时候有一位佛学造诣很深的人去拜访一位德高望重的老禅师。进门后，他的态度十分傲慢。老禅师不以为忤，恭敬地接待了他，并为他沏茶。只见老禅师不停地往杯子里倒水，杯子已经满了还在倒，水都溢出来了。这个人感觉很奇怪，就不解地问：“大师，杯子已经满了，你为什么还要往里倒？”大师说：“是啊，既然已满了，干吗还倒呢？”这人这才恍然大悟。自己既然是来请教的，心态这么傲慢，是无法获得知识的。

这就是“归零心态”的典故，管理者应该时时提醒自己，不能沉迷于过去的业绩，要经常调整自己去适应新的变化，定期给自己的内心清零。

归零心态是一种谦逊的态度。在任何时候都小心翼翼，随时准备重新开始。**人生不是一座小山，而是一座座崇山峻岭，当爬过一个顶峰时，迎接你的还有下一座。对有的人来说，第一次成功相对比较容易，但第二次就比较难，这就是因为心态没摆正。**

长安汽车集团是中国四大汽车集团之一，2010 年，长安集团以自主产量最高跻身中国汽车国企第一名。公司已经有 150 多年的历史了，新中国的第一辆吉普车就是它生产的。这家超大型企业在一个多世纪以来面临了一次又一次的挑战，现在依然焕发着青春。在 2003 年时，当时的总裁尹家绪先生曾接受过《东方之子》栏目的采访。那时，他已经在长安汽车七八年了，在外人看来，长安已走出困境，但尹家绪认为，长安依旧危机重重，他说，有不少企业在发展最好的时候一下子就倒下来了，它们失败的最根本的原因来自什么？来自它们过去的成功，往往过去的成功给它们带来一种思想上的障碍。

由于心思被成功占据，所以心态就不能归零，这也就酿成了失败的开始。中国人的思想是阴尽了生阳，阳尽了生阴。任何事物的发展都是螺旋上升的，花无百日红，随时都要准备从头再来。越是顺利，越是要时时提醒自己。管理者面对新的挑战时，不能仅仅依靠经验主义，要以归零心态平静对待。

归零心态，就是不断地挑战自我。每个人的潜力有多大，谁也无法回答清楚。只有在一次又一次的挑战中，才可以发现自己的极限是无法想象的。

73 岁，对很多人来说应该算是人生的尽头吧，说不定已经开始料理后事了，但是在吉林，有一位老太太在 73 岁时却重新开始学习画画，并且在她 81 岁时开了画展。这位老太太姓王，她说："我从小就喜欢绘画艺术，但一直不敢拿笔，直到 73 岁才鼓起勇气开始学习工笔画。"虽然没有基础，学起来很不容易，但是她相信努力一定会成功。老师留下的作业，别人画一幅，她就画两幅。就这样，历尽千辛万苦，八年后，她居然开了个人画展。这不能不说是一种奇迹。当她坐在教室里，和年轻的孩子们一起学画画时，如果没有归零心态，她不会取得这样的成功。

还有一位胡达·克鲁斯老太太，70 岁开始登山，陆续征服了几座有名的高山，还以 95 岁高龄登上了日本的富士山，创造了攀登富士山的人中最年长的纪录。

归零心态，是一种思考问题的方法，也是不断挑战自我的精神。在 70 岁高龄，还愿意重新学一门新学科，对于正当壮年的管理者来说，更应该提醒自己，不断挑战自己，而不是躺在功劳簿上睡大觉。

归零心态，也是一种永不自满的态度。优秀的管理者对已取得的成绩永远不会满足，总是希望自己做得更好。

华为公司成立于 1987 年，目前是全球第二大通信设备供应商。在 20 世纪 90 年代，华为采取"农村包围城市"的战略，跃居国内著名的通信设备供应商，成为中国移动智能网的主要供应商，可以说发展势头正猛。然而就在这个时候，华为总裁任正非先生做出了那篇著名的讲话《华为的冬天》，他在讲话一开篇就提到了危机，他说："十年来我天天思考的都是失败，对成功视而不见，也没有什么荣誉感、自豪感，而是危机感。也许是这样才存活了十年。"正是在这种永不自满、时时危机的态度下，华为从零开始，进入了国际市场。这十多年的打拼，使华为从中国一家民营企业跻身"世界五百强"（2013 年第 315 位），而且，华为公司还在随时准备"过冬"，用开放的态度去接受新的挑战。

像华为这么大的公司都永不自满，我们大多数管理者更要时时提醒自己，每当实现了一个近期目标，这时所需要做的，是深吸一口气，迎接下一个目标。原来的终点就是下一个起点，以终为始，这种空杯心态让我们走得更远。

归零心态，也是一种企业文化。联想控股集团人事部经理杨彤在被问到团队建设的"核心密码"时，脱口而出："如果有什么深切的体会，那就是我们联想经常要求管理者和员工做到的一点——时刻归零。在联想公司，不管是谁都不能把过去当回事，永远要从现在开始，进行全面的超越！"

在联想公司，这成为一种企业文化，在公司的发展历程中，我们经常可以看到归零的表现。

企业创始时，有一次承接了 IBM 500 台机器的验机任务，他们需要从库房领出机器，验完后再搬回去。整个过程大多是体力活儿，那时没有专门的搬运工，联想的总经理、书记都是 40 来岁的知识分子，全部自己来干。那时的中科院计算机所应该是很令人仰慕的单位了，然而这些领导全部放下架子，抛开养尊处优的环境，身体力行，为了省钱，饿了啃方便面，渴了喝白开水，所有事情都自己来。

创业时，联想参加全国科技成果展览，这也是这群知识分子第一次去参加展览，别的公司讲解员都是年轻的小姑娘，而联想的摊位上却是正研究员张品贤和副研究员胡锡兰。

联想现任董事长杨元庆也有一次难忘的"归零"经历。当时杨元庆的工作非常出色，便表现得有点儿自满，于是柳传志在公开场合狠狠地批评了杨元庆一次。这是杨元庆从来没有过的经历，他晚上回家甚至准备写辞职信。然而，在最初的冲动过去后，他冷静下来，感觉到自己所受的批评是有道理的，自己之前的表现过于自满，确实需要有人“当头一棒”，在认真考虑后，他感觉自己确实没有什么了不起的，撕掉了辞职信，重新写了份检讨。从“辞职”到“检讨”，这也是杨元庆在企业文化影响下心态上一次十分彻底的“归零”。

可以说，联想人的归零心态让他们随时都可以轻装上阵，不停地冲击新的事业巅峰，这才取得了现在的成果。

归零心态也是一种生活智慧。尝试着去归零，不仅需要丢掉自己的荣誉、身份、权力，还可以摆脱自己的压力。如果保持归零心态，就不会患得患失，而是会坦然面对各种挑战和压力。

陆登庭先生曾经担任过哈佛大学的校长，他在1994年由于工作压力巨大，感到身心疲惫，就请了三个月的假。在这三个月里，他彻底地放空自己，去从事一些从来没有接触过的行业。他去农场打工，去饭店刷盘子，还因动作慢被老板辞退过。当陆登庭重新回到哈佛大学时，他发现以前熟悉、烦琐的事务变得新鲜有趣了。他觉得工作重新成为一种全新的享受。这三个月的经历让他放下“哈佛大学校长”的身份，做了很多自己从来没做过的事情，也无形中清理了原来心中堆积多年的“垃圾”，让自己重新焕发活力。

有很多人喜欢旅游，其实也是喜欢旅游带来的新奇感，让自己的生活在旅游中从零开始。管理者所处的环境复杂，来自公司的压力、客户的压力，甚至还有员工的压力，这些压力让人疲于奔命，有时就是因为无法归零，思维僵化，所以才在职场上捉襟见肘、步履维艰。

所以说，归零心态也是一种生活智慧，任何人不可能永远背负太多东西。学会定时放下，从零开始，才能更好地享受工作与生活。

作为一位管理者，在竞争日趋激烈的社会，请时时提醒自己要具备归零心态。

若想在职场上游刃有余、成就辉煌，必须营造归零心态；若想减轻生活压力，必须营造归零心态；若想成功击退各种挫折，必须营造归零心态；若想快乐、幸福、健康、生命长青，也必须营造归零心态。